LE RYTHME DES LIEUX

Les *Écrits des Forges*,
créés par Gatien Lapointe, ont été fondés
en 1971 avec la collaboration de l'Université du Québec
à Trois-Rivières.

Le ministère de la Culture et des Communications du Québec
et le Conseil des Arts du Canada ont aidé à la
publication de cet ouvrage.

Dessin de la page couverture :
Sylvain Décarie
Carnet préparatoire

Distribution au Québec
En librairie:
Diffusion Prologue
1650, boul. Lionel Bertrand, Boisbriand, J7E 4H4
Téléphone: (514) 434-0306 / 1-800-363-2864
Télécopieur: (514) 434-2627 / 1-800-361-8088
Autres:
Diffusion Collective Radisson
1497, Laviolette
C.P. 335
Trois-Rivières, G9A 5G4
Téléphone: (819) 379-9813
Télécopieur: (819) 376-0774

Distribution en Europe
Denis Boutillot
15/21 Cornet, 93500 Pantin
France
Téléphone: 48.10.05.63
Télécopieur: 49.42.19.38

ISBN
Écrits des Forges: 2 - 89046 - 360 - 5
Phi: 2 - 87962 - 040 - 6
Perce-Neige: 2 - 920221 - 53 - 1
Arbre à Paroles: 1995 - 2292 - 25

Dépôt légal / Premier trimestre 1995
BNQ ET BNC

Claude Beausoleil

LE RYTHME DES LIEUX

Écrits des Forges / L'Orange Bleue
C.P. 335, Trois-Rivières, Québec, G9A 5G4

DU MÊME AUTEUR AUX ÉCRITS DES FORGES

POÉSIE

- *Dans la matière rêvant comme d'une émeute,* 1982
- *S'inscrit sous le ciel gris en graphiques de feu,* 1985
- *Grand hôtel des étrangers,* 1988 (coéditeur: Europe poésie)
- *Le dormeur,* 1991
- *Fureur de México,* 1992 (coéditeurs: Phi et Perce-Neige)
- *La ville aux yeux d'hiver,* 1993

ESSAIS

- *Les livres parlent,* 1984
- *Extase et déchirure,* 1987 (coéditeur: La Table Rase)

ANTHOLOGIES

- *La poésie acadienne* (avec Gérald Leblanc), 1988 (Coéditeur: Le Castor Astral)
- *La poésie mexicaine,* 1989 (coéditeur: Le Castor Astral)
- *La poésie suisse romande,* 1993 (coéditeurs: Le Castor Astral et Les éditions de l'Aire)

AUTRES TRAVAUX

- *La légende d'un peuple,* Louis Fréchette (présentation), 1990
- *Le récital des anges,* Émile Nelligan (choix et présentation), 1991
- *Nostalgie de la mort,* Xavier Villaurrutia (choix, présentation et traduction), 1992

I

PLUS LOIN
DANS LA MATIÈRE RÊVANT
COMME D'UNE ÉMEUTE

une écriture qui ne finirait jamais
livrée à elle-même et à moi
comme une savane de miroirs
en tension dans les mots
illimitée
est-ce en secret que la ville nous accueille
spécifiquement rare
ce souffle des choses incongru
dans le voyage des nombres
il y a ce corps hanté
par les soirées prévues
et ce hasard que je force à parler
contre le jour dans l'effort des rites

lumière blanche à découvert
la rigueur et la position tracent
par la fenêtre en plongée
l'ailleurs
le versant sombre en allusion
parle de ces histoires tuantes
quand le trop cru nous perd
quand on sent le fin des chances
dans le retrait des mots
on trouve parfois le saisissement

les villes comme des allocutions
aux fragrances impromptues
rivalisent d'angoisse
et je marche dans les mots retenus
pour dire ce que les lèvres
inondent de recherche
parfois le sort des choses
nous piège et nous broie
mais l'énergie secrète
nous habite en tous sens
comme autant d'anecdotes
sur l'impasse des lieux
certains mots préconisent des ailes

dans l'air il n'y a rien de spécial
ni repos ni angoisses qui usent
rien ou du moins presque rien
et sous l'effort de se lever
l'effort secret de parler
mais on ne le saura jamais
tout calque à dessein
le parchemin des sorts
dans la même pièce où je me trouve
parmi d'autres tout aussi hésitants
vers la soudaine descente

quelques secondes suffisent
et je recommence à douter
en une sorte de fissure
d'une manière de sentir
ce qui du flou au corps
me donne envie de partir
ces moments me reconnaissent
je demeure immobile
ne regardant que ce qui est devant
je n'insiste pas pour savoir
je sais que ça passera
à même d'autres instants
une inquiétude à l'oeil
devine ma bouche
de toute façon qu'y faire

subjugué par la matière graphique
pris au piège
par le luxe des yeux
une suite de poèmes me dit
que l'évidence est un ailleurs discret
cachant sous la forme nos réponses
et nos demandes car je ne peux
que reconnaître ce qui du texte à moi
transcrit les tumultes et les heures
déconcertés du jour
un ensemble crispe les mains sur la
dissolution des phrases et c'est à
un tour de magie que je perçois les
limites pouvant lire ces dimensions
dans le défilé des images inscrites
on aura pris soin de dire le nécessaire
ce sera comme sur une page noire
et je partirai par ces efforts
pour mieux résorber le sujet parlant

un dernier mot sur ce désir
je n'invente plus rien
j'y perds
c'est le temps qui passe
renouvelant les approches
et secousses d'écriture
tout se désordonne
c'est tout
perfectionner les remparts du silence
aussi écouter parfois
quand les choses s'y prêtent
j'aurai l'instinct des séquences
et celui du premier mot à dire
je ne souffle plus
j'y renonce
c'est l'histoire qui sait
l'empressement des circonstances
et les lignes de caractères typographient
tout ce rythme qui s'inscrit

les nerfs me dictent ces choses
comme si je n'imaginais plus rien qui vaille
et si cette réponse ne suffisait pas
au corps proche des véritables enjeux
disant que les dissections
sont des flammes de source
le poème mine la controverse
petit espace noir où s'agitent des ombres
surprenante aisance des fibres
si j'humecte les dents que les mots
me forcent à voir je ne désire plus
que la profusion des cycles
énorme précaution de celui qui aspire
à l'odeur du temporel
cet assaut qui des forces
ausculte la teneur
est un vibrant séjour
en des dimensions matérielles

je de fièvre en ces parages
offense l'implicite
puisque le corps parle
donc ici et par évidence
j'aurai déployé les heures
je sais que l'écriture dit vrai
aussi le silence
parfois en des retouches
pour se donner un air second
file les traces
jusqu'en cette cuisine
où je verse d'autre vin blanc
d'autre perrier d'autres signes
l'incertitude des craquelures
les attitudes regardent
la chute des effritements
la dépense des cillements
puisque je n'y renonce pas

et que les mots soudain
dans le virage des choses
visent les nerfs
certifiant une façon d'abolir
les conséquences qui plantent
la sueur sur des bras roux
je n'entre pas dans l'écume
je ne succombe qu'au lustre
et cette tempête invraisemblable
des petits déclics
de l'immense désir
en quelque sorte tout mon discours
diffuse ces formes
elles marchent dans la lenteur
des textes l'accompagnent stoïques
certes sans résistance
mais souvent la chaleur des autres
comme une caresse incommodante
des souvenirs qui désertent
la clameur des sens
me façonne ainsi
en bribes de démesure

que faire d'une biographie
on dirait des fictions
on dirait des empires
et si je préférais
les fresques de l'intime
découpées au rasoir
sur le cumul des temps
petits objets du soir
qui m'enferment en moi-même
je ne briserai presque rien
je me contenterai de regarder
comme si la scène m'absentait
pourtant j'y suis
j'y tourne au centre
papier qui soutient
que les marques glissent
car à écrire ces choses
on inverse le vécu

cet étrange soir de confusion
parle en moi
comme une flamme demandant
ce que signifie ce qui me traverse
vision acide de traces de mirages
jeu de fiction qui me reconduit au loin
me décide à nommer mes flexibilités
intensément j'imagine les prismes du chant
et je pousse vers la lumière
les erreurs du temps comme indice
et des méandres s'élance
le ciel bas des tambours de fer
écume larvaire de mots volés
au secret de dicter le reste
sans retour le geste précipite les formes
les passages s'échelonnent vers les miroirs
ces choses me détectent et m'indiquent
la version inouïe des errances

ce n'est pas en simulant
que les regards se fixent
c'est toujours vers des lieux
que les licences ploient
j'ai pour tout une lueur certaine
ne réclamant rien que le dû
mais toujours en sourdine
et si l'espace me trompe
et les ondes du corps parlent
dans la vitrine ou le miroir
près de lui mais si loin
je redistribue mes rêveries
cette voix trop rieuse
et cet élan souvent
et ces yeux du désir
pour en finir avec l'énergie et la clarté

une détresse par jour
dans la survie des corps
une seule fatigue
qui reprendrait l'instinct
d'un grésillement
une seconde
et tout recommence
on s'allonge dans le bleu
dans l'envers des rencontres
on plonge et on se voit
pris dans les mêlées qui montent
un courage par journée
pour l'émerveillement
une seule pulsion
qui fend l'air des autres
un regard souvent
ou encore le vent et la lumière
c'est la circulation
l'attente au repos
dans des chambres d'écriture
à projeter l'instant
qui découvre et se retire

traversé d'amérique
"love is in the air"
des interdits et des audaces
et dans les craquelures et les réels
l'intensité rythmique
ce sont ces choses qui me poursuivent
jusque dans la nuit des mots
et j'y succombe
ébloui serein
de tant d'apothéoses
ce sont ces choses que j'imagine
ces repères qui se fondent
aux excitations sonores
me déversent en d'autres lieux
où je cherche l'odeur de cette nuit
qui sera aux aguets
partira et traversera
cette amérique de chair
que le texte vérifie

d'étranges passions me ramifient
en des yeux qui parlent de l'audace
d'écrire la plainte qu'ils nomment
certes c'est l'accalmie
mais aussi le désordre
quand les villes orgueilleuses
donnent le signal des heurts
je ne pense qu'à toi
dans ce texte maléfique
ton sourire de défiance
et les courtes réponses
à mes mots brûlés au soir
d'appel et d'irrésistible
il y a secrètement cela
dans ton absence
sûrement aussi de la fuite
des lieux éparpillés
et des travaux d'effacement
puisque les rapports changent

dans une fiction aiguë une fiction
qui bascule dans des génériques de couleurs
aux situations complexes
une page s'allonge et me prête sa bouche
nous étions écrivains et parlions de dicible
ce temps nous appartient qui nous regarde
en plein au coeur des choses
je ne dresserai que les mots comme départ
ni la nonchalance ni l'amertume
rien non rien ne sera plus présent que l'écrit
car si j'écris c'est que se posent devant moi
les décloisonnements de l'illimité
poursuivant l'idée
d'un envers aux prises avec la saveur
d'une ville muette venue de la falaise
comme d'un écran qui plie
sous la charpente fragile

à même les lignes dans une ligne justement
car c'est là que parle la parole dévoilée
dans ses mécanismes et ses assauts
qui du plus profond des alliages
engouffrent nos désirs

une forme ou un chant
dans la pression des mains
cette gorge aussi intriguée
que les détails illuminés
de biais on dirait une phrase
mais aussi autre chose
le profil des années
dans le miroir de la rue
et dans cette atmosphère le hasard
comme une source de métal
qui gaspillerait les ondes
de quel vertige ce spectre parle-t-il
dans la matière rêvant
comme d'une émeute
peut-être celui d'une illusion
ou encore du spectacle
cette image finale
que l'on introduit par erreur
dans la bouche en ellipse

refaire le texte du quotidien
jusqu'à le lacérer le débiter
le faire revivre en d'autres formes
sous d'autres pulsions dans ces méandres
on dissimule les avaries
lignes qui fuient dans les trouées urbaines
où se décèlent les jours et les spéculateurs
nuit des mots et des bars qui déclinent
l'offre des sécurités du tout pour le tout
dans les vagues de sons
et les artères du silence
sous les soleils noirs
d'une éternelle révolte
comme si de là venait le calme nécessaire
à toutes les poursuites
des démesures d'un état
dont on choisit la persévérance et l'instinct

je m'envole
pour que les lettres se forment
les idées traversent l'espace
et le texte se retourne
déployé et strident
dans la rue enchantée
aux miroitements sans suite
c'est le regard des jeux
sous la passion des heures
c'est aussi le silence
parfois traqué en tous
c'est souvent l'effritement
encore soudain le délire
mais c'est toujours cette voix
toujours ces accents
tournant autour des signes
de ces petits objets du désir

recherchant le mot fuir
dans cette bibliothèque d'images
aux ciselures actuelles
mais aussi dans ces yeux du détour
je serpente dilapidé
je transforme la disparition
d'anonymes revers du réel
comme dans la courbe des vertiges
puisque c'est sur cette table blanche
que passent les bruits de rue
puisque c'est dans le calendrier
les mégots les cernes des tapis
les erreurs la voix des usures
les cicatrices les savoirs les appareils
les odeurs des bras tendus vers le nacre
c'est dans ces parapets modulés
ces alcools ces valises ces photos
ces ombrages ces tasses vidées de fatigues
ces heures ces appels d'écriture
dans ce sens donc
que vont les empreintes

des mots venus avec calme
dans la rigueur des formes
des mots aux souffles lents
des mots qui rivalisent et brillent
inscription d'une substance réglée
dans l'attente d'une vision
une saignée de morsures au ventre
salve laissant les forces
se retourner et cueillir
des ailleurs en surplus
origine des utopies du corps
ces choses à vivre encore
les mots mort et vertige
entrevus dans des livres
aux figurations stellaires
comme l'éclat d'un tissu

un corps d'assaut dans les yeux qui
rêvent de la première tendresse qui
refera surface dans les décombres qui
de partout enlisent les humeurs qui
du plus profond des choses provoquent
la pulsion qui ravage qui éblouit
qui transforme et défie
un corps d'assaut dans la tête
de ceux qui partent au large des nuits
dans le vent des villes sur les erreurs
du présent dans la débâcle des néons
j'ai surpris cette image appuyée
contre moi je l'ai prise alors
et dans des mots choisis je l'ai calmée
puisqu'elle délire puisqu'elle souffre
en chacun qui la voit perdue
rebelle dans l'insondable

incertain des rebords
comme on l'est du matin
je dispose de moi par la répétition
d'une ligne dénouée
inquiète et manuscrite
dictée avec nervosité
pour que les élans ne soient pas vains
de cette matière triturée
les intelligences me regardent
quand passe parfois la scène
et que je replie les bras
indiquant un acte d'absence
puisqu'il y a une voix
où je perds le contrôle
là est mon orient
là sont mes amériques
dans le risque fissuré
de ma page en trafic

le *je* n'inscrit que des fractures
comme on dit des trous de l'histoire
des zones étranges et prenantes
d'une aura de fins de siècles
quand tout devient certainement songe
par un réflexe qui sauve
simplement lourd de temps
après les heures de travail
je refais le bilan des paroles
tentant de cerner le sens qui pèse
érodé aux lisières nocturnes
quand le sujet prend place
au centre des effets à fixer

ne pas simuler accoudé au bar
et les lueurs qui penchent
prennent un certain désir pour son double
arriver tard et repartir le dernier
comme ça sans trop de raison
sans trop savoir vaguement
détourner les yeux
fuir les lampes et les airs
n'approfondir que les remparts
remonter la rue sans forme
il y a la lumière et l'espace
un restaurant ouvert 24 heures
ne s'attendre à rien d'autre qu'au réel
l'écrire automatiquement à l'encre noire

il n'y avait aucune raison de partir
l'abstraction est à ce prix
il y avait les autres et l'ambiance
et le geste de boire et de regarder autour
je ne prête aucune intention au réel
le temps est une mélancolie
je ne résiste pas aux yeux
les sons ne me dérangent pas
ni cette conversation inutile
ni cette personne qui vient d'entrer
et que je connais bien

on vide lentement sa chance
on traverse des zones et des échanges
ce sera pour demain on s'y attend
on s'y poste ce sera sûrement pour demain
sombre rue du silence
seul avec un goût brisé
les bars ne disent plus rien
l'atmosphère s'est fixée déjà
on ne répète que ses yeux
que les livres qui nous regardent
on ne transforme que ce qui nous touche
c'est d'abord là que le rêve commence
si près des résidus
cette chose nous accapare
quand revient le moment
sans respect à distance
de dire non c'était hier
ou plus tard dans le temps

II

JE N'IMAGINAIS PLUS LA FUITE

du temps et un certain désespoir
car dans la rumeur urbaine on cite
tous ses efforts à survivre comme
étant des effets de fiction
ce que l'envie de création persiste à dire
c'est le souffle enfoui en nous
des paroles
comme un cinéma parlant
des apparences
des montages
du gestuel dans les yeux
la vraie nature des effervescences
puisqu'il est possible de retenir
les scènes sur l'écran en ellipse
j'ai remonté certains fragments
j'ai perdu un peu l'accès aux démesures
mais il en reste quelques mots
frappés dans des images sonores

ce corps qui s'adressait à moi
dans la délicatesse des existences
ce corps sauvage et doux
n'avait plus que les mots de la bouche
qui troublaient l'hérésie
en un moment j'étais perdu
et les phrases enlaçaient
les dérives noueuses
de cette tendresse ronde
qui fait que l'on se soumet au regard
l'intelligence alors entre royale
on entend les accords du temps
et les époques basculent
on fête toujours les mêmes signes
ceux du corps reconnu
comme un silence de fond
lié à des gestes inévitables
par ces lignes j'y reviens

glissement dans ses yeux
et dans cette courbe
du corps apprenti des désirs et des chutes
puisqu'il ne résiste que peu je brandirai
les mots qui viennent
et les résonances seront intimes
comme sa bouche blonde
souriante dans le matin
plus grave que nos jeux
la rue toujours présente
un recoin de réel
et j'hésite soudain
pourquoi attendre le temps
je vois un appel rauque un impossible appel

dans une première version
j'attendais quelque chose
plus loin que le visage ou les humeurs
c'est le ravage qui me perd
j'en ai le goût pendant des heures
familier et concret
comme les choses suaves
qui s'avançaient
dans la conversation et les mélanges
le pire reste à faire
prendre le sens
irriguer les cartes dites d'espoir
longer les mots
une fière affaire de corps
pourchassant les villes et nos tempéraments
petite odeur qui prend le revers des linges
sortir peut-être et voir

je n'écrirai que sur ce corps
que dans cette ville qui me remue
et sur les yeux des vents secs
quand tombe machinal le désir
j'aurai perdu mes jours
et dans cette réclame
aussi un peu de moi
mais qu'y faire
je n'ose plus regarder lcs mots
ils me semblent trahir la beauté
et si tout cela n'était que nervure
que charme défunt que délire
mais je refuse et je sais

je n'imaginais plus la fuite
être seulement là
debout à parler à boire
autant les yeux que les gestes
et autant le tangible que l'irréel
dans cette salle bruyante
où des corps se brisent
la mémoire m'initie à des salves d'amour
vous êtes de ceux que les villes
illuminent et nos réseaux se confrontent
à tout ce qui change
je parle encore
il ne s'agit plus de s'arrêter
sans lisière
sans compromis
avec la complicité des ombres
au détour du métal
vers des points inconnus
à la vitesse du sens

toute cette affaire de moeurs
et ses cils si lisses si flagrants
pas la peine que la peau parle
là dans la ville qui l'habiterait
découvrant à la moindre brusquerie
cette épaule ou cette pensée
dans la parfaite embrasure
d'un calcul insensé
son jeu serait de perdre
pour que la discussion se poursuive

image partagée dans les mots
et que surtout je ne craigne
ni le vent ni le visage qui viennent
dans ces instincts de ville blanche
perdre le temps de vue
est-ce inquiétant ces déserts animés
et qu'est-ce qui remue pourtant
par la bouche et les yeux
les percées de tendresse avec inadvertance
je file les lignes de sa main
est-ce une règle du nouveau
cette manière de séduire d'emblée
puisque résister serait se taire

temps de fragile connivence
quand le hasard comme un héros
dans les salles pleines de corps
de rêves déchus reprend la fête
et qu'en ce souffle on lit les rapts
provisoires de cette version de l'amour
un imaginaire précaire
exige l'absolu de l'instant
la motivation des mots dansent
sur ses lèvres de clair de lune

une entente implicite
malgré les structures les vies
les vides et les horizons
la démarche rêveuse d'un appétit de fauve
finalement tout se dit
je m'en doutais un peu
tout ce qui s'ajuste
tout ce qui nous relie
le désordre est-il pour toujours
seul maître de la nuit
un goût étrange et parfait
des risques infiltrent
par le hasard des pauses
regardant du haut des choses
cette manière d'être attentif
de partout aux attentes de nulle part

surpris d'hésitations
des presque lignes d'un amour fou
livré aux mots retenus
aux suspects aux rencontres
à ces moments je flanche
puisque les matières s'y produisent
dans une série d'appels
tout se conforme à l'attente

des cigarettes autres facettes
détails de voyages profilés
des gestes lentement moins nerveux
un souffle rare
la gêne des corps
le rivage éperdu
comme dans les grands chants
l'emportement soudain
la prise des intérieurs
comme si plus rien
oui c'est ça plus rien
ne convenait que ce qui arrive

faudrait-il tout interpréter
autant les yeux que les mécaniques
autant les mots que les ivresses
je ne remarquerai que la structure
des tendresses entrouvrant
la ferveur des inscriptions
et dans tout cela la forme
que prend l'écriture quotidienne
nomme un à un les instants
décline les gestes
et peut-être en filigrane
un sourire qui voit

accès probable aux silences de son corps
dans cette affection soudaine
où se retournent les autres
aussi dans le charme serein
des paroles qui coulent et des temps libres
presque une anatomie des plaisirs
mais voyant ces choses me disperser
je note leurs parfums par touches
j'analyse jusqu'à l'ongle
ce qui dans cette fuite me regarde

enfin repris par l'écriture
cet âge immense me traverse
des silences de ses mains
enfin repris par le désir
la mémoire des semaines
et la peur de tout perdre
puisque les lueurs et les rides
cachent les accents de la tension
ultime sortie des nerfs
sur le territoire modulé
des passions et des heurts
toujours saisi par cette fumée
ce goût de cigarette amer
je ne retarderai pas les mots
ils se placeront de front
je les regarderai tomber

une sorte de passion soudaine
une envie de toucher de parler
plus encore de se taire
dans les angles revenus
discuter des envies
d'une étrange lumière
cette fois il fallait saisir
ce qui se déroulait
les yeux les lignes les voix
peut-être par nonchalance
j'ai posé ma main
là
les paroles montaient
dans la musique
est-ce pour me souvenir
que j'écris maintenant
les lacunes qui soufflent
en tant de directions

surgissement de cette façon qu'il a
de sourire en baissant la tête
et cette bouche qui change avec le soir
et ce regard qui met en doute
ce qui ne l'intéresse pas
un corps du moment inconnu
et des lignes qui luisent
la main comme un étonnement
la gorge offerte
se moule à la douceur qui vient
puis le silence puisqu'on en est là

un autre corps en demi-teinte
puisque le hasard m'y porte
dans le revers blême de la fin de soirée
des bras pour décroître éperdu
est-ce arrivé
a-t-on dit ces choses
qui maintenant semblent étrangères
je n'ai pas le regard silencieux
des ombres qui reviennent
la musique était là
je sais que ce tourbillon existe
il se fait au mépris de toute petitesse
aussi est-il douloureux et fier
bravant des jeux qui tuent
ce sont ces couleurs qui me privent
puisqu'elles passent évanouies
dans l'instinct du dehors

un destin peut-être est-ce trop fort
peut-être faudrait-il trouver
une autre formule
comme l'attrait soudain qui ravage
ou l'entente quand les nerfs ne lésinent plus
est-ce permis de se perdre ainsi
dans les cheveux et les jambes
dans les bras des morsures et le regard
si loin pourtant puisque maîtrisant la scène
les questions les poursuites
et tout ce qui s'inonde quand parfois
on sent l'extrême nous toucher
est-ce l'harmonie ou la peur
le vide ou le temps
ou encore cette petite blessure
qui fait que l'on songe à tout quitter
sans ajouter quoi que ce soit
seulement la main qui navigue
et la lumière couchée tout près

dans cette introduction où je perdais patience
à tant tourner autour de tes gestes
et de tes mots
vibrant et sommaire
aussi léger qu'un regard
je relisais les mots griffonnés
sur du rouge et du temps
les indices à pleuvoir debout
cette manière quand le coude s'ouvre
tout émettre et recommencer
c'est une affaire de style
comme hier comme la première rencontre
oublier son nom malgré les autres
fuir et rêver dans l'atmosphère qui fige
à tant prévoir et à tant lier
ce qui bouge les paupières
et disperse les limites

partir presque à l'épouvante
que les rues nous délivrent
poursuite d'une sensation
qui vengeresse se retournera
la force de ne rien retenir
recroquevillé y songer
quand toujours recommence le soir
quand autour des pneus glissent
quand dans les portes s'ouvrent les autres
je replacerai les morceaux
puisque les temps s'y pressent
pour éliminer l'angoisse
un répondeur blanchi dira
que me manque toujours
la voix changeante déraisonnable
une fois qu'on a surpris son timbre
ce n'est jamais sans choix
que ces choses nous arrivent
d'une épaule surréelle et du trottoir glacé

III

JE NE SERAI PAS CELUI QUI TRAVERSE *ou* LA SOLITUDE AMÉRICAINE

structure et anatomie d'un regard
sur des indices
la lumière vient du sud
on le dirait immédiatement
peut-être le titre
non on le dirait sans savoir
où va la fenêtre
des parkings
la mer
le chant des autres
ou encore le boulevard
la rue discrète
avec ses piscines cordées
presque à l'infini
sur un patio
sûrement
oui c'est ça on le devine
les alarmes du corps
dans les choses qui viennent
au détour des années
cette vision de stucco
cette exactitude du regard
le répertoire fou de tous ces angles

défaits
deux chaises
une télévision une fenêtre d'aluminium
la moquette bleue
le grain du plafond
les prises pour les lampes
et cette lamentation
une seule ombre
la lumière des dehors
rien ne bouge
c'est un après-midi
pourtant l'ordre est intact
entre toi
et qui dit les rebords découpés
cette démarche centrée sur la rue
le geste
la veste
ouvrir la porte
se pencher vers les indices
tout s'écroule
et je regarde la ville
le goût de décrire

de tout relier en des mots qui filent
je ne serai pas celui qui traverse
qui parle aux signes puisqu'ils me sondent
encrer
donc les cernes du réel
son allure de perspective
je serai celui qui complote
qui trame en silence
les secousses de vie
je serai l'écriture que je porte
et ses fibres et ses augures
et je ne sais plus
de l'inscription
de ce cadre de métal
je ferai les phrases
qui me décident à suivre
le décor de plus près
c'est un environnement noir
tu le disais souvent
c'est une source sans lumière
tu disais cela
c'est un mot au néon
et l'art en est concret

le vêtement serre l'image
comme une catastrophe
ou un restaurant banal
ces plantes définitives
une version cristallisée
une vitrine qui parle
de la fin des temps
et une auto qui est là
à attendre les conversations
dans la musique de situation
ne pas perdre le contrôle
il s'envole d'ailleurs
surveiller les versions
de l'état des matières artificielles
engrenages garages limites lignes d'option
un certain horizon du désespoir
ville habitée
remords des cycles
les yeux ouverts sur le désastre
une conception temporelle des combinatoires
dire le choc
voir les effets
sur le corps indistinct

la mémoire actuelle
voeux de scandale
quand tout croupit
en tous
cette évidence des défaites
qui la fera apparaître
et les écorchures tues
et les miroirs faux
que de distance à percer
ils sont tous assis
la lumière les crève
quelques journaux s'ouvrent
un élan sans naturel
je ne suis que celui qui est là
et les arrêts s'enclenchent
je ne suis que celui qui voit
ils sont tous debout
je suis happé
par le mouvement des structures
dans le tempo
je change de ligne
cst-ouest peut-être je crois

focus
le réel passe
cette précision fait si mal
quand tout sombre en des extérieurs rouillés
la pression sert de nomenclature
arrêt
l'énergie froide comme engoncée
la supposition des heures
je ne perçois que le minimal
dans cette pièce ou ce rectangle
que se passe-t-il
le vide oui le vide
et les ombres floues
voyez vous-mêmes
un plan d'absolu
quels sont les restes
d'où
fixer sans comprendre
seulement fixer la forme
intensément
rien comme atmosphère concrètement
une évidence de gyproc
de l'air encore
au travers des traits tirés

c'est gris le silence
un rideau sort du cadrage
l'effort des yeux
nomme le jour cru
marcher au soleil
traverser voir accélérer
crissements
il n'y a plus de hasards
ici s'y opposent
seulement la carapace
les traits rectilignes
des angles en fuite
deux chaises
une télévision
je le répète ahuri
la photo ne montre pas tout
ni le début de la scène
ni l'autre mur des observations
déclic
une sensation se disloque
celle des chaleurs égales
le paysage est français ou italien
de plus petites ombres soudain

les prises électriques partout
et cette bêtise du motif dans le tapis
je vois et j'écris
objectivement le plan des strates
le fil conduisant les vertiges
ceux des vies abolies et des stupeurs
qui s'y est absenté
que de douleurs recluses
dans l'appartement désert
faute de mieux
prenant la parole
je trace des répercussions
je me perds dans le zoom
le corps des objets
dans la salle blanche
dans le silence de cette salle blanche
et l'abstraction guette
le cumul des détails
tellement ça force
tellement c'est géométrisé
cet intérieur me glace
le temps peut-être
y dévalise l'espace

seules les ombres sont mobiles
du moins je l'imagine
la question des ombres inversées
plus apparentes plus texturées
regarde sans bouger
comme une lecture virtuelle
dans l'espacement
le dédoublement
des triangles partout surgissent
comme des regards techniques
suspension
les traits davantage marqués
je veux dire quelque chose
préciser
un sourire muet
une inquiétude
la façade ne cessera pas ses métamorphoses
il y a du sens sous ces petites misères
et le recueillement des pièces non meublées
une image
à louer sûrement
ou tout bonnement désaffectée
non pourtant
je sais la présence

la minutie
sans décalquer
mais tenter l'impossible
s'installer face à la pièce
retourner la photo en elle-même
est-ce une idée de voyage qui me revient
ou encore le manque
le trou posé sous l'oeil
en moi vers un appartement tronqué
la vision du recul
il y a tout ce mouvement dans l'air
vent chaud
rien n'indique la climatisation
pourtant la californie
notations brèves
à la suite des déductions
tout un rapport au vu
et les murs comme des reflets
entassent les remarques
je circule aux environs
une pièce comme tant d'autres
est-ce la date indiquée qui me fascine
la rumeur du temps focalisée

se déplacer dans cet espace
ne pas croire aux neutralités
dans les recoins lire l'objet
ce qui frappe
l'illusion possible
dans le cadrage et les rappels
de cette mémoire du présent
quand on dépèce l'indicible
je ne décide de rien
la chose est complète
immensément percluse en elle-même
ajouter des mots est le seul projet viable
peut-on respirer cet air chaud
l'est-il au fait
dit-on la brise
ou le temps mort
est-ce sur commande
que les signes sont ainsi livrés
l'écho du décor dans la crypte
poursuit-il ceux qui regardent
être seul
aveu de l'éclipse
pourquoi le dedans

qui double quoi
je retiens d'autres hypothèses
parmi celles-ci l'ennui
sur ma smith-corona
les mots distribués oscillent
au large une pièce
un imaginaire
aussi tout près
sur la table
cette reproduction de la pièce
et moi qui parle
qui parle dans ce vide
loin en voyage
plus tard aussi
comme si le temps craquait
pour dire les essences
la solitude américaine
vérifiant sa teneur implacable
la solitude de cette pièce
ouverte au vide
ce vide dont je parle
comme s'il entendait les sons
venus de mon dactylographe

le blanc pèse sur les contrastes
c'est l'écriture d'un intérieur figé
on ne dira que les organisations
rien de plus
pas un mot sur le cri ou le rapt
sur les autres pièces
peut-être adjacentes
pas un mot sur ce qui n'est pas là
prendre les choses pour ce qu'elles sont
dans un hyperréalisme laconique
les mots seraient des pellicules
des révélateurs ou encore des voyeurs
je ne sais pas si c'est supportable
si la vie là est supportable
mais comme le doute
je pénètre dans la pièce

IV

DES INSTANTS INSOUMIS PROLONGENT L'IMPLICITE

à Gatien Lapointe

les joues d'assaut
c'est le tremplin
on songe à partir
le trépas du privé
d'emphase seulement le risque

> une influence des souffles passe sur la peau quand le sombre des rencontres défait l'analogie en référence au texte mais également à la souffrance des jeux disponibles dans l'espace des représentations

des nuits entières
à refaire ce texte
à en soutenir la teneur
car j'y craque

d'une certaine manière
cette justesse
comme histoire
comme intérieur
des lumières parlent de couleurs vives
dans le corridor des ellipses
les phrases juxtaposent leur voile
d'un paragraphe dire l'enjeu nocturne
le bar s'ouvre

> à dire des choses par bribes on dit que le temps se concasse et les jours se délient sans accident seulement par petits sursauts dans les rides les mains les joues et cette petite tristesse repasse accessible

par-delà les signes
dans ma main
sur ton bras
s'enroulent les bouches

livre habitable
reflet de citations
ce je du texte dicte
des sentiments démaillés
presque l'ordinaire
mais l'oeil observe
une série de précautions
pour alors inscrire
en volte-face le *faux*

> le bar ferme et du livre tombent des pages de lumières d'autres soirs perdus d'autres amis d'autres réponses sur les jeans sur les comptoirs luisants et les mots ne servent même plus pour commander la même chose sur glace

gestes allures
pressentir les zones
tu parles
j'écris sur toi

petit almanach
givre qui passe
le restaurant final
les poses du réel
il insiste sans raison
un veston serré rouge
on y revient

> une image de celui qui écrit des photos que de fausses stars imaginent on repense à ces objets que l'on aime y tient-on vraiment après tout ce n'est que rituel et faits des larmes souvent un petit sourire où l'on se rencontre

cette dérision
dans l'oeil donc
dans les raretés
des mots du sens

le corps manuscrit
cette réflexion sonore
on s'amuse à défaire l'hypnose
ainsi comme un zeste
son regard dans l'écran
sa blouse blanche de «misfit»
en signal tramé

> des heures et des lectures je note autre chose là
> au bas du texte plus elliptique qui pourtant
> coulait donnait à lire presque immédiatement
> sans trop tarder sans trop ruser avec ces effets
> que l'on nomme littéraires je renonce je

s'exposant
toile noire
à cette version soudain
j'adhère épuisé

d'abord le vu et en vitesse
la controverse des *épidermes*
alors cela et ça va
donc vous le dites
et à ce geste j'ajoute
on prendrait part à tout
les *néons du hasard*

oui ce sera là
où aller

écrire sous la dictée fatale des nuits entières à retaper à relier et à boire ces mots encrés en moi

oeil gris
des lignes traînent
des plantes observent
le relent des ténèbres

le temps d'écrire le soir
comme un si beau texte
perplexe livide invectivant
l'anarchie des mots
en désir de centre-ville
dans le retrait des zones lourdes
on ferait des traces
alors commence à temps
la prise de son en réel

> décrire jusqu'au matin jusqu'à ce qui ne se dit pas sur une grande feuille blanche et alors corriger biffer

à la place des ondes
des volutes
ou encore
cette soif noire

sa main prise
aux doigts du corps
s'approche des réseaux d'ombre

on pense à la nuit
les vitres sont baissées

> partager son temps lire et écrire comme un peu plus loin comme un peu plus sans retour et ce corps qui est là

par des formes
venues d'instinct
je réinscris
cet étrange désir

édifices cafés rues désaccords
une fenêtre vide

des scribes assoupis
des effets de lumière
on lit
qui parle de défaite
la ville ajoute sa somnolence

pourquoi des stries pourquoi
cette suite d'images auxquelles
je tiens comme à un désir creusé
dans le chemin clair

écrire seul
dans la salle élancée
vers les recoins
de cette métamorphose

de ce temps et d'autres
la figure du destin argentée et trouée

au service des dextérités
alarme de la suite
parachuter jusqu'aux vertiges
la façon de boire ces choses
perdre pied
aller par repères
et accès facile aux luxes

> des liens que je fais par intuition des décisions aussi et une façon de dire que l'écriture m'observe d'évidence

le dos glacé
revoir et sentir
ce qui des nerfs
part en chute probable

un appartement blanc
des posters illicites
un air dégagé des yeux
vous revenez sur ces détails
pourtant la salle est ailleurs
là mais plus loin encore
traverser les sous-titres
un générique simule

> refaire des phrases songer que machinalement on veut toujours inscrire son histoire à travers une autre histoire en différé

temps d'extase
le concret du corps
juxtapose les termes
et les phrases s'adoucissent

j'écris debout de loin
pour annoncer l'inouï
c'est un réseau divers
comme un sourire gris
quelque chose de léger
d'effectif sous les structures

renversé par l'odeur
épris et surpris

> la parole de cette encre et l'encre partout sur les doigts dans la tête des livres qui m'inventent une présence

un peu de tendresse
sur les sons
et la loi
des froideurs s'enfuit

d'autres strates et d'autres livres
d'autres signes entre les nuits
d'autres encoches encore
là dans l'ovale
sans étiquette
en transit «on the road»

> j'ai tracé ce passage comme de cause à effet et pourtant les lieux se répètent ils me le disent ce soir

il n'y aura
que les références
à la ligne
sans réserve

une certaine aisance
dans les déclics et les décors
fumer là et plus avant
un peu de désinvolture
des cernes et des moiteurs
un vers *tremblé*
sous venise ou new york
flashe comme une anagramme
perpétuellement

> j'écris sous ma page comme plus près des vibrations et des zones terrestres comme pour davantage m'inventer

entièrement zébré
de mots volatiles
ces soupçons
exercent leurs silences

s'évitant de relire le contexte
une image touche l'urgence
des jeux uniques et dissolus
probante effraction
décantent le regard

> ce qui est raconté est-il du côté uniquement du vécu ou du fictif peut-être qu'entre ces mots et ces bars se glissent des éléments qui m'échappent me varient et me donnent concrètement les signes des temps qui passent précis

une écriture quotidienne
comme par hasard
et pourtant encore
insiste pour que tout arrive

magique de ville et de tension
dans l'allure des décombres
on juge les restes d'étincelles

minutie en page
comme une autre dimension

la rage recommence
je transcris

> une autre histoire inscrit et cache celle qui parle des faiblesses de cette jubilation qu'il y a à indiquer les passions tues des lèvres déchiquetées par les déchirures comme ces pages rythmant le temps que l'on regrette et qu'à cet instant précis on fait renaître par allusion

suspendu aux instants
et aux désirs du livre
celui du dedans
qui dévoile et estompe

V

L'INCONNU DES VILLES

Pour Michel Beaulieu, Nicole Brossard, Herménégilde Chiasson,
Jean-Paul Daoust, Lucien Francoeur, Gérald Leblanc, Roméo Savoie,
Josée Yvon, Denis Vanier, Yolande Villemaire

Les rues désertées par les corps

vigile des villes abruptes comme les réserves
d'images que la terre contient
j'inverse les pulsions d'une passion autonome
fresque liminaire qui s'ajuste à la mémoire
rival imprécis des décombres du silence
par les gestes reculant les frontières perdues
certainement que le temps me pèse
aussi la violence des pertes pures
il n'y a rien ici qui ne me serve de fugue
autant de lueurs sont à parfaire
les rues désertées par les corps
tout et plus encore me parle de l'urgence
sismique et nerveux le tableau insiste

Dans les mémoires et les miroirs

le temps sera ce qui nous plaît
dans les mémoires et les miroirs
discours inventé pour déjouer les paroles
sons et avatars d'une fresque immense
ce parterre de remarques
plane sur les écrans du corps
des déclics rageurs
s'amoncellent en lézardes
tu dis que les mots nous vident
je le pressens aussi
j'y succombe
la ville est un filet
du ciel à découvert

rivages et villes
d'horizon et de fin
pluriel d'amertume
désert déterminé
j'imagine ces choses
je les retranscris
je les infiltre
c'est de cela dont j'inonde la page
inaugural entretien
des liaisons des souffles
tout confirme les hypothèses
le temps est un effet de prospective
histoires de nuits
méandres et lumières froides
enlisé je le dis

Un visage de minuit

déterminer lentement ce qui s'ajuste à la ligne
et disloque la formule préparée
des soirs de délaissés sans image
constance d'une vision qui s'élargissant
se perd dans ces visages et ces attitudes

pareil à la magie des temps qui s'achèvent
désordonné et ivre dans ces constatations
pour que les choses s'inventent matérielles
sonder les pouvoirs et les spasmes
l'énergie à ce compte lance des appels en fièvre

l'intensité des gestes dans cet événement
perçoit ce que sera l'audace
se prévalant de lettres de flammes
et c'est le soudain ravage du sourire
traversant un *visage de minuit*
un moment encadré musical

La blessure est une rue

errant mobile défait et translucide
le corps serait la passion des obstacles
aussi les rives du soir
par les portes entrouvertes
les lueurs de sa main
la chaleur disparue
où vont les pas
vers quel béton cuisant
fête irrésolue dans la sueur
et les désirs de crainte et d'amour
cette candeur dans les rapts
quand les alentours nous déjouent

Vers les matins qui rôdent

un amour et sa fuite dans les lumières de la ville
cette soudaine allusion au corps
perdre dans les marasmes des voix
du venin à l'arcade
vers les matins qui rôdent
je pourchasse une envolée
dans la musique des cassettes allemandes
est-ce l'incertitude des autres
ou encore le cheminement des terreurs
sous les stationnements enlignés désuets
aurores rauques que je reconnais en silence

La voix sombre des chutes

l'inconnu rase les murs de la nuit
ce rien façonne le hasard
les choses déroutent
encore une audace de perte
la ruelle et les phrases
réunies pour un cri inutile
tout rampe et c'est la trace
des coulisses du malheur
ce dialecte de l'ennui affiche
par les cernes que tu portes
que je déclare mon désarroi

Une ville de ciels brisés

il y a des écarts entre toutes nos paroles
et la forme du vide n'hésite plus en moi
à dire ce dense en nos cerveaux d'éclats
le voyage indiquera la poursuite d'un rêve
celui de corps repris au mystère des douleurs
dans une ville vitrée montrant toutes ses lignes
l'espace d'une forme surgit de ciels brisés
secrètement l'écriture inaugure sa dimension
dans le réel des licences

Ouvrir les bras du temps

les surfaces du mensonge sont une aire déçue
par la pratique qui me lie aux influences
de ce je qui sursaute quand les voix se délient
alarme au commencement des circonstances
les intimités diffuses prolongent en elles-mêmes
la face cachée de jeux méticuleux
ombres de ville sur le manteau d'immeubles
ouvrir les bras du temps
comme se propagent les effets
cherchant sur quel terrain lire
cette allusion furtive à tout venant
loin des jalouses forteresses du sens
la fatigue des corps quand les mots y retombent
dominant le soir incliné à nouveau
sous les phrases qui restent j'ose
et toi qui regardes
les organisations du circuit densifier
en versions fécondes
les motifs de la description

et ces choses vibrantes comme le vent du corps
quand donc les effigies s'infiltreront-elles en elles
lentement les remarques balisent les mots
pour que le charme des villes se répande ailleurs
simple accord du réel et des compromissions
que des regards perdent vers les cimes incolores
et ces soirs insoumis que je raconte en songe
sont des moments qui doutent de tout ce qui chancelle
amoncellement des gestes sur les sites intérieurs
ruissellement fastueux et dérive souveraine
que ces astuces répètent en d'étranges mélodies
et encore je persiste en silence seul face à la rue
et ce sont les heures passées près de toi qui comptent
car je n'aurai jamais d'autres courages ni choix
puisque le désir en refuge m'a remis sur la voie
est-ce par ces usages que j'avance de front
la course des humeurs regagne les lieux déserts
qui savent que la matière est une image invariable

si tard que le regard n'a à déplacer
ni l'angoisse ni le pas vers la fenêtre opaque
ce sera par ces lignes que le vertige pointera
les inouïes tendresses que permettent les mots
cette façon de dire est un ardent présage
les moiteurs de la ville s'y calent avec rigueur
aussi l'étanche éveil des formes rougissantes
lueurs d'aubes sonores dans les chutes d'épidermes
il est question ici d'impression inédite
de possibles mémoires s'effritant à l'horizon
détachable débat de chemins qui s'insurgent
rives et rares instincts que tout porte à crier
par ces moments nouveaux j'écris la désinvolture
la démesure traverse ces intermittences
et ce qui me façonne est un rythme

Un théâtre de l'immédiat

silence les présages sont effectifs
la fiction des grandeurs dans le décor lointain
familier compromis accusant la beauté
d'un théâtre de l'immédiat
image maculée d'une ville assoupie
somme des ivresses et des constructions
constat aléatoire
tout se dit sous une forme précaire
je suis alors repris par les signes éternels

VI

S'INSCRIT SOUS LE CIEL GRIS EN GRAPHIQUES DE FEU

à Clément Marchand

le poème est une ville aux risques infinis
et j'entends dans ses fibres
les rumeurs de la passion
il y a dans ce lieu des cumuls
chavirés sous les mots incessants
une proposition ultime s'y énonce
les êtres et les lumières
sont autant de rivages
que donnent à délier
les langues du réel
et c'est le mot qui intervient
dans tous ces réseaux simulés
parfois c'est l'abrupt des choses
ou encore le défilé des signes
aussi une coulée discontinue
qui transporte les imaginaires
jusqu'à la version produisant
dans le temporel
un éclair qui tranche
ce hasard aux cercles en fusion
imagine une poésie étrange
familière aussi comme la vie
la lecture des faits
dans la chute des mémoires
où l'étude des comportements
fabrique des fractions
de l'essence d'exister
je la redistribue ici
pour apprendre alors
les cheminements et les filets
contre les usures
demeurant ouvert au sens

quand la ville ricane
et que je me retire
cela me donne froid
de penser au recul
pour parfaire des sauts
en jets de survie
voilà la ville
qui ici me transporte
loin de la confusion
l'extériorité surnageant
dans les regards humains
cette avalanche de destins
entre lesquels je marche
écoutant et rejouant
ce que l'écriture dit
et voilà que résonnent
les mots du dedans
cctte espèce d'étreinte
dont le poème est l'objet sensible
c'est l'image du monde
et la ville la traverse
et c'est le rythme en saccades
comme dans le souffle des découvertes
qui permet l'audace
est-ce pour toujours
que les mots crissent
alors écrire en vitesse
poursuivre les fils
ceux de cette rythmie
ceux aussi du son
quand par dérive
s'élancent des lueurs

de lisibilités inattendues
dans des contours vigilants
comme ce corps adressant
ses mirages aux feux
qui ici parle de tout
ce sont ces moments
qui inscrivent la ville
et le désert y couve
comme dans les livres éternels
il y a le rauque et le style
conclusion dans les artères
qu'une phrase décline
et c'est le mouvement d'action
des images s'intercalent
torrentielles et verbales
comme le frissonnement ultime
soudain là au coeur des choses
dans les désordres inavouables
résolument les fibres de l'essentiel
décombres de la ville
et une fièvre inventée
dans les jours noirs qui passent
sous un geste de mélancolie
si tout cela ne peut arriver
dans les hangars quand les yeux ouverts
impriment un cercle à ma passion
remontant les mots un à un
d'un instant à l'autre
dans ces violences quotidiennes
dans la rumeur activée
de cette loi inévitable de la création
reliant les mots étrangers

les langues comme des toiles
parvenant jusqu'aux rencontres
l'intimité revisitée
montréal montrant ses flancs
dans les vacarmes et les suspicions
les amours meurtries
les livres épars venus d'ici
aussi la levée des heures
les yeux lisent le temps
le poème est une invective
et c'est la place du corps
la ville l'indique à vif
et c'est le rythme qui bascule
comme dans le souffle des ailleurs
dans les cieux s'enchâssent
le miroir de cette ville
montréal comme un toujours de néon
quand cela se prête à la fiction
le désir télépathique
sorte d'ombre jaune gigantesque
dans le rejet des vitrines
une nuit qui fuit luisante
quand l'envie d'écrire est au détour
retournée sur elle-même
pression des fulgurantes intuitions
la ville est un geyser
montréal natale
flotter serait une perspective
des origines au lendemain
dans les petits détails reconnus
pour dire que le jeu nous dépasse
que les rues nous cernent

que les désirs sont des enfilades
dans lesquels surgit l'intensité
quartiers démunis et serrés
prendre le chemin des briques
les relier pour l'anecdote
mais aussi s'y perdre
vers la maison première
pour le juste retour des choses
petites misères repliées
mais l'envol nécessaire
le regard permet ces contrastes
dans la ville endormie
où sombrent mes parcours
d'ouest en est vers ailleurs
au coeur du sujet tremblant
conduit par les mots
vers le poème qui obsède
malléable et inquiet
comme pour l'analysable randonnée
ici alors les histoires croisées
la distance étalée sous les ailes
la pulpe du voyage est inscrite
en fuites minuscules
sur le fronton des cieux gris
la fumée des trains
le pont qui charpente ce gonflement
quand les jours reviennent
sur les pas de la biographie
j'imagine des réseaux multiformes
des rives et des asphaltes argentés
montréal m'envahit
du haut de ce point

le poème est une parole ouverte
et c'est l'image d'un mot
la ville l'introduit
et c'est le rythme en cascades
comme dans le souffle du réel
dans le vraisemblable des destinées
il y a toujours un regard qui bouge
sur l'écran dessinant l'horizon
un poème file vers les parois
comme un jeu nourri de tout
aussi les odeurs qui renchérissent
l'enfance là et qui s'absente
la cadence est un effet et un sigle
écrire au soleil dans les volutes
et le corps qui bondit sur la scène
une suite de rues entrelacées
me répètent que la ville est intime
site d'eau et de mirages
une sortie des feux acryliques
sur du papier froissant le temps
le plus ancien qui soit
imbiber la chambre de la mère
vers l'avenir aussi errer
comme un poème filant
cette ville je me la décris
en passant sous silence les limites
pour seulement voir l'excès
cette tendresse des rues de montréal
ces quartiers où je vais languissant
tout ce qui est là me parle du temps
encore entendre les masques secoués
les trottoirs annexant les maisons

fragile équilibre des torpeurs
bouteilles vides comme le bruit
dans ces rues sans arbre
les devantures s'effritent
et pourtant elles me prennent
la tête emmêlée aux consciences
à tout jamais de ce lieu
à tout jamais épris des façons d'être
des ruelles conduisant le rêve
où des enfants sont démunis et durs
car il n'y a de grandeur que là
dans la perte mais la connaissance
tout rejoué dans ce mélange
où les cours sont sans fond
où les chaises craquent
où le chrome trône lumineux
sorte de gouffre ruisselant
duquel la beauté surnage
dans les poèmes d'après
et le désir de dire
mais aussi la discrète caresse
des complicités obligatoires
quand la cachette est brûlée vive
le poème est une intrusion
et c'est l'image du temps
la ville le contourne
et c'est le rythme qui l'illustre
comme dans le souffle de l'indicible
une tension de muscle dans la course
cela donne le temps de vivre
la mesure du souvenir
des fenêtres aux oreillers débordants

des drapeaux jaune et blanc
des sacrés-coeurs épineux
des processions inouïes
vers le reposoir des encensements
où tout le rituel s'insinue
préparant le poème litanique
en cette question d'enfance échappée
vers les escaliers de bois rongé
voilà qu'elle dessine un document
les auras découvrent des mots
autant de silence dans ces chaises louées
quand la parade s'effiloche
effigies colorées d'une enfance
dans les dédales de ce désarroi infini
cette soif de comprendre à tout prix
malgré la dureté des inflexions
la ville ose faire des ombres dans le rideau
je m'y retourne en secret complètement
à décider des mots on plane sur les gestes
on trafique les danses du jour
petits fragments de bonbons à la cenne
le rimmel coule sur les joues d'une cousine
la crinoline est une fière chandelle
portes battantes le coeur enfoui
les gin collins des samedis observés
dans la réserve de firmaments d'enfants
tous ces discours qui se brisent
et dont ne seront retenus
que des lambeaux frisant le mensonge
malgré la vérité certaine des rumeurs
quand on se souvient des montages en écho
et ce qui passe est teinté de dimensions

dans lesquelles les yeux s'agrandissent
est-ce le regard manifeste des choses
qui soudainement pose dans le silence
voyager vers avant
dans ces lignes déplacées
fixer la ville
pour ces riens qui débordent
quand les lumières implantent
une certitude de tendresse
une imagination du passé
et tout alors consiste à refaire
le tableau morcelé des bribes
dans lesquelles je sais l'importance
de décrire ce qui demeure vivant
le poème est une idée
et c'est l'image de la beauté
la ville l'enveloppe
et le rythme le propulse
comme dans le souffle des furies
fermer les yeux et l'envers vibre
dans cette pause je reçois les usages
un lent refrain supporte mon corps
et je vois du diaphane dans le banal
le noir est un soupir
une fête improvise mes sensations
aucun mot ne se dérobe
ils sont là attentifs
friables sous la lampe
je laisse la page résonner d'elle-même
entre le blanc et les instincts
par la forme qui prend l'espace
j'allume une cigarette

le poème capte l'air d'aller
la bibliothèque est une autre facette
une version coffrée des rues
et les instants se rapprochent
d'un livre à l'autre
vers le centre sans compromis
dans la distance des mots partageables
la fumée de ma cigarette surplombe
ce qui va des mots aux autres
en cette ville maintenue
hors du champ d'impressions
au seuil glacé des théories
alors qu'elle me surveille
comme une fièvre inassouvie
montréal de mon âge
où je descends parfois
entre les maisons du rouge
et les fournaises de passage
petites lattes vers ces plafonds
la tôle décorée d'interdits
où filmer l'insomnie
dans les entrées sans luxe
ouvrant sur des places minuscules
comme le paysage d'une peur inconnue
car je sais que le temps
que les marques et les secousses
m'habitent jusqu'à l'heure des retours
je surprends toujours un angle
et la ville m'apparaît
brusquement je comprends
c'est mon âme qui s'éveille
l'air module des chansons

le réel est un guide
je le suis fidèle étonné
cette promenade me donne
ce qui la rend audible
et j'entre en elle pour me recueillir
le poème est une profusion
et c'est l'image du geste
la ville le nomme
et c'est le rythme qui le porte
comme dans le souffle des visiteurs
cette présence s'enfonce dans la nuit
l'écriture souriant dans la modernité
après les déconstructions
vers la connaissance et la pulsation
comme une refonte allégée
soudain devenue réflexive
cette démarche me hante
quand je pense à montréal
aux rues que je cite
aux angoisses sonores
dans ce chantier d'ébène
j'avance comme un murmure
à même la vision qui demeure
dans cette ville parfois immense
comme une peine prolongeant le gris
et qui disparaît dans l'ombre
au carrefour que je sais
comme une forme d'amorce
des pas perdus indirectement
des mots qui m'élèvent
et c'est saisir la complexité
l'exubérance et l'implacable

qui remuent dans la chair
ivresse du recul
quand j'abandonne l'impasse
et que tout entre en interaction
dans l'implicite du poème
cette maniaque trappe à surplus
dans la douleur et les grinchements
les alentours évoquent le noir
et la poésie s'y raccorde
dans cette vision délivrée
au centre du feu du corps
comme une écriture psalmodiante
magistrale sous l'effervescence
quand les lignes roulent
le minimal orage de la détermination
un silence au coin des lèvres
poursuivant énigmatique
les questions que l'on pose
là dans ce clin d'oeil
qui prend un plaisir sûr
à découdre le vent
s'engouffrant dans les rues
dialogue avec le dessin des rondeurs
le temps dépose ses éternités
l'ange vermeil est un reflet
blason de cité où décoder
les réels détenant le goût premier
le poème est une rue désertée
et c'est l'image du silence
la ville l'illumine
et c'est le rythme qui le retient
comme dans le souffle des rétines

pour la musique et les solitudes
et regardant tout ce noir
quand les simulacres tombent
l'urbain me reprend
m'évitant le sommeil
et par cela la dissolution
par le verdict des rues
je revis tout ce temps
toutes ces notes invisibles
aussi les manières névralgiques
je n'écarte pas des visions
la saisie des liquides parlés
mots du hasard consumés
dans la bouche d'arrêt
parfois je pense à ces jours tramés
au corps des choses
au sens du trajet
quand la ville démontée
n'est plus qu'une plaie noire
lieu de réverbérations
jetées sur les pas
dans cette sorte de révolte ténue
venue de l'enfance et du malaise
brumes matinales sur le chemin
vers l'école de l'autre côté
tournant le dos aux peurs
image qui se cache en chacun
à revoir les fusions
on comprend la déchirure
et sans attendre
le mot part en déroute
une clameur en tout s'applique

à résoudre les propositions
détails et rires
et ces travaux d'alchimie
traces de résonances impétueuses
si les éclatements se referment
poison de mots cernant la prise
une pente de centre-ville
quand cela se lit d'un trait
à l'allure des bolides
vers les vertiges brouillés
sillons affichés de la naissance
avec au bout l'éden des trafics
l'énergie comme un astre
tout au-dessus de montréal
dans les odeurs qui s'apaisent
quand je la regarde dormir
ce visage de fissures
me console de l'oubli
le poème est une aile rouge
et c'est l'image du voyage
la ville l'interroge
et c'est le rythme des départs
comme dans le souffle des mémoires
seul le silence retrace les passions
les lieux publics d'une lecture
dans l'actuel offert aux contradictions
les yeux repèrent le style
la dose urbaine de cette langue
véhicule infusé
dans la course aux mots
l'amour moderne des tragédies
réécrit le tumulte des bordures

les jardins ou le corps
dans les rayons de lune parfois
pour que les nuits s'estompent
redonnant la chance aux anges
d'écrire une autre page
jusqu'à perte de vue
pour le seul bruit des eaux
là devant les fontaines
ou encore dans ces stationnements
minutant le flagrant délit
de ces corps pliés au jour indiscret
les espacements du plus pressant
quand les besoins en sourdine
rassemblent les conflits
éloignent les sentiments
vers une circulation autre
allées d'un retour
où les vides s'interpellent
agacements des virages
quand le coeur s'émiette
longeant les rues en bordure
là où le corps encerclé
donne ses derniers états
aux parfums insolites
pendant qu'un mot raturé
tente de définir la nuit
temps mélodique hachuré
avertissements sur les panneaux
clignotements d'une urgence
comme des taxis striés
dans cette combinatoire refoulant
l'euphorie désenchantée

des tracts imprimés
des mains sans attente
voilà ce qui jusqu'aux extrêmes
perdure et s'imprime
dans le caractère sombre du livre
et les cris divertissent
le néant profilé ici
dans cette jungle en cratère
qui simule l'abondance
le poème est une vision
et c'est l'image de l'éphémère
la ville le charcute
et c'est le rythme des syncopes
comme dans le souffle vertical
la phrase est cet appel
stigmate aussi d'effroi
quand parfois les rues chancellent
sous l'enjeu terrifié
l'artère est déviante
les douleurs y insistent
autant que leurs contraires
dépouilles errantes
sous les regards sifflants
les avenues se précipitent
vers les artifices incongrus
et le corps se déroule
nomenclature brillante
dans l'inusité des édifices
projectile d'ondes odorantes
où apprivoiser les déclins
ville imaginée dans les frictions
d'espaces du réel

où coder les structures
la levée d'un désir
dans les bruits qui spéculent
mirage interminable des travaux
le poème est un temps
dans lequel les brisures
comme des loups de métal
râlent vers le tunnel
là se conjuguent imprécis
l'interdit rentre chez lui
et le chant maladroit
des paroles enfermées
quand craquelle le soupçon
le miracle est en tous
comme le secret des agglomérations
la ville narrative
où chercher le poème
dans les miroirs immenses
aux lisières de l'évidence
reconduisant le mystère
comme si les ressacs du silence
étaient des rideaux opaques
et j'ai erré vers ces façades
les mots accueillant ma recherche
le coeur ému par cette contusion
retrouvé au large du boulevard
dans cette lumière grisée
carrés de vies et d'insuffisances
restaurants jusqu'à l'absurde
liaison dans cette matinée de givre
quand les nerfs s'avancent
au travers des regards minutés

le poème est une abstraction
et c'est l'image du langage
la ville le superpose
et c'est le rythme des syntaxes
comme dans le souffle de l'amour
virage ce mot lumineux
rapporté de derrière l'illusion
les pages de ma nuit
sur des tempes aimées
à dormir à rouler
amer tressautement du temps
dont je ne retiens que des phrases
mince pellicule noire
vacarme inquiet des paroles
dans la fumée des odeurs de musique
une forme m'apprivoise
montréal détourne ses flammes
et je marche dans la rue offerte
comme une attitude étourdie
les avenues du corps
accompagnent ce céleste entretien
les choses chaudes de la vie
dans la rue comme une estampe
pluvieuse et photographiée
à même l'ordre des autres
écriture ce qui est agissement
et les paumes de l'aurore lascive
en prenant le temps des yeux
couler dans cette permission soudaine
le flot des gens qui veulent le silence
cet instinct dans le divers se défait
la méthode est indescriptible

belle explosion des revers rares
sous les éclairages froidement alignés
relisant les corps figés
cette image brusque
comme une erreur écrite
inaltérable parcours neuf
pourtant repris à vif
pourtant redisant le même
le toujours même filtre
sur les routes et ailleurs
dans des regards fantastiques
je suis à la rencontre du temps
indécis lisant et discutant
les travaux quotidiens
et les cerceaux du doute
permettant des alliages temporaires
et tout ce spectacle qui m'observe
quand l'intérieur donne des sonorités
qui font irruption dans l'absolu
sans nostalgie le rapt
séduit les discours fragmentés
le parodique des dispositifs
un besoin de fiction qui définit le temps
le poème est une vie
il est l'image de l'astre
la ville s'en emparc
et c'est le rythme du quotidien
comme dans le souffle des présages
il y a une énergie qui monte
une force incroyable mise sur les cerveaux
adage des temps renouvelés
en pleine langueur que les charmes innovent

l'esquisse de la nuit est cette traduction
une poésie indécente comme la mort
cette fresque qui respire
sous les yeux des passants programmés
les mots vécus comme des échecs
des séismes d'épidermes
le noir des engins flâne
sur les places vides de sens
comment transcrire tout ceci
je me résous au filigrane
la mémoire est un déclic dans ce roulement
et la lueur m'ausculte
c'est dans le calme des miroitements
sur l'asphalte et le fer
que tout s'anime
et les signes invitent à l'oubli
pressé par l'aventure et le bruissement
vers les remous qui filent le dedans
avec les mots du temps assoiffé
je décide de voir plus loin
vers les arêtes du maléfice
là se délasse la peur
au creux de ruelles en feu
puisque les attentes sont essuyées
l'état des intrusions dans l'acharnement
toute peau donne à lire des prismes
dans la foule remuante
du sanctuaire de la cité
un tremblement de pérennité
aussi parfois une imprécision des gestes
quand montréal redevient une figure
où repassent les insignes et les vases

autographier les phrases animées
choc de la veille qui veut s'engourdir
dans le total calcul des répétitions
partir d'un mot dans le vertige
et le suivre jusqu'en ses fibres
les plus voyantes de l'inavouable
une pression qui s'était tue
jusque là parsemée
ce serait le mot ville
et il se faufile
il se dit à changer
ou encore autrement à renverser
jusqu'à la désinvolture comme stratégie
avec seulement ce qui prolifère
le poème est une aura
et c'est l'image de la magie
la ville s'y perd
et c'est le rythme des rituels
dans le souffle des constructions
à cette heure les départs sont inouïs
dans la nuit encrée de mauve
où le fait de survivre se propage
aux fenêtres où les mots s'allongent
on dirait une passion
sorte d'espoir mnémonique
suspension du temps refait
saisissant le précipice des formes
dérangées jusqu'au vol des ombres
car cet archange est une réalité
la stricte délicatesse des rues
le redit lançant aux maisons
l'insolite chanson du béton

les veines creusent l'absence
quand trop de signes épars
comme des couteaux limés
tremblent dans la rue
aussi tout cela je le dis
par cette situation dépliée
jusqu'au rectangle de la page
jusqu'à la morsure de la fenêtre
dans les autos vernies
dans les réflexes imaginant
une portière ouverte sur le néant
cette seule raison décisive
de relire et d'écrire le poème
dans la légende des amours
les baisers et les pertes
sur le seuil de la ville de verre
puisque la vitesse est une caresse
dans l'attentif des paraboles
quand le décor est circonscrit
pour que le temps questionne
revenir elliptique dans les travaux
des voies rapides du tracé
les alcools recouvrent les désirs
délirant hors de tout ce qui dure
pour ajouter des flots de menaces
ivresses aux détails entendus
scènes qui tiltent et se profilent
dans les parfums du tangible
les déraisons temporelles dirigeant
ce qui se mêle aux cris intimes
une sorte de dénivellement
malgré la production des systèmes

cette place aux monuments connus
dans le viscéral des temps chauds
ciel de lèvres et d'augures
le voyage entrepris sur ces trottoirs
qui relisent les cartes tirées
le poème est une sphère
et c'est l'image des commencements
la ville le guette
et c'est le rythme des circonstances
comme dans le souffle des tempêtes
ce sont ces frasques qui maculent
le reptile dérobé au noir
d'un détail signant les tractations
quand toute joute est déposée
dans l'influx des réseaux
rictus et amertumes
ou encore la joie critique
les heures investissent le corps
d'escaliers qui ne finiront jamais
l'atroce normalité qui stagne
ces nouvelles que l'on dit bonnes
tout cela me sert de pivot
il y aurait à construire des contraires
dans le fer des ouvrages
vers les zones qui décuplent le sens
quand le soluble s'enfuit
dans les sites du corps aimé
les environs bousculés de gris
comme dans le poème incertain
toujours cette même place
en hommage aux ruptures
aux délices et aux traces

et la rue encore la même
mène les corps à leur histoire
toujours cette même rue
scandant les nuits
déserte les ombres colorées
avide d'illustrations
et je regarde ce geste de biais
le livre est une ondulation
un chant au corps
misère fracassée de résine
les heures épinglent leur déhanchement
cela se dit tout haut
dans la tourmente insistante
quand plus personne n'écoute
le spectacle est acide
comme une volupté captée
à même les éraflures stridentes
pourtant des styles se glissent
et font mourir l'horreur
jusqu'à la ligne des hauteurs
offerte en affront au noir
saison glauque et famélique
la déraison des termes
l'attirance du vide
alors que le résultat des larmes
comme une avenue flanche
sur les tambours matinaux
allures des autos et des silhouettes
le poème est une pulsion
et c'est l'image de l'écriture
la ville le transpose
et c'est le rythme des signaux

dans le souffle des express
la séquence serait aussi le détecteur
aura fauve en course dans les pages
montréal me surprend dans ses bras
y répare mes blessures
une à une comme succession
les mailles sont recousues dans l'amalgame
et voilà que je parle
et voilà que je sais
des bribes de noir en moi
persistent et se torsadent
mais soudain les mots sont venus
la tension me réinvente
à nouveau les trottoirs génèrent
cette palpitation nommée amour
fiction de rage ample
aussi l'écueil doux
grêle mot qui fabrique la source
le dicible pointe
aussi meurt et renaît
balancement des vocables
aussitôt que le corps se lève
allusion au rêve vérifiable
dans la ville si prochaine
tombé dans l'engrenage précis
et les performances imaginatives
entreprise d'utopies entropiques
le bruit saccage sans amertume
les restes et les lucidités
car si se forment les mots d'usage
la musique est aussi convoitée
comme une extension sensible

où sombre l'air du temps
déployant ses nervures
indirectement mobile
instant d'infraction
rendant le lisible éphémère
à resituer les veines et les conflits
par l'intrigue qui crépite
et prend le coeur des autres
une histoire infatigable
comme le sang des avenues
des pressions tanguent dans le rétroviseur
je décris les fixtures orangées
et c'est une procession
qui ici meurt inlassablement
dans la course de l'inexprimable
cette conjoncture a un corps nouveau
ses pas me détournent du sujet
et je peux dire soudain le désir
dans cette crypte glacée
le poème est une nécessité
et c'est l'image de l'intuition
la ville le remue
et c'est le rythme du soir
comme dans le souffle des séductions
je pleure tous les langages
à une vitesse inconsolable
fracas et compression dans l'étendue
où le sens ne dirige rien
du déluge que le temps incorpore
dans l'abandon vers les méandres
cette suite prend tous les attraits
pour dévisager le matériel

et ses grillages et ses effigies
délivrent de la soif
là à bout d'âme
comme une étincelle grise
dans les restes du blafard
remontant les échines du ciel
du mauve aux joues
pour mieux pratiquer l'absence
de la moiteur sur la page
pour fuir le rectiligne
ouragan de pollen sale
contré ici dans la mixture
un sortilège piquant et vif
cette surcharge agitée aux fenêtres
un autre ouvrage du silence
où des doubles s'interprètent
permutante adhésion
là dans le centre intact
cette série de mots crachent
parfois on se laisse prendre
dans le noir du chagrin des rêves
et dans la courbe incisive
le sort me transforme
et je me fais à l'idée de ne pas tout comprendre
allant plus loin derrière le masque
où déboule le temps
malgré les rouilles et les mécaniques
dans les ciselures des balcons
quand je regarde vers le haut
et que j'entreprends de poursuivre
ce qui en moi est une grandeur à vivre
un oeil profilé parfois suffit

j'entre dans ce bar
et je déverse mes maquillages
je quitte cet univers
pour aller vers la blancheur
dans l'idée de la cité
je sais je dois le dire
la mascarade titube
avec fragilité j'écris les illusions
c'est en moi que l'abîme circule
bonheur et catastrophe
le poème est une trace
et c'est l'image du soulèvement
la ville le disperse
et c'est le rythme de l'aléatoire
comme dans le souffle de l'actuel
en entrant dans l'interminable
la langueur s'affiche
les rues comme des confidences
me donnent envie de déjouer les faits
car ce quartier est unanime
à prescrire des sommeils de plomb
sous ses arcades et dans ses lignes
pour souvent me signifier
que les mots sont des moteurs
dans la volonté des nuits
cette raison de surtout persister
voilà que les rues la chuchotent
et que les miroirs la tamisent
alors que je franchis la porte
de ces symptômes que sont les apparences
à répéter les jours
la substance des licences

comme pour filtrer l'angoisse
qui dégèle les mains
ici dans cette pièce vide
comme un autre parcours
où j'écris la déraison
cette bête sauvage et mugissante
dans les mots contemporains
signe qu'un livre est là
à attendre le sort du monde
qu'il tombe du réel
par larges pans drapés
et par cette inflexion hypothétique
les mots sont des initiales
où se convulsent les passagers
qui comme des fictions
entrent dans ce métro
dans la musique des corps
aux creux de la ville écorchée
et des milliers de secousses
sur le corps de la vitre
quand le wagon sans plus
donne le signal de parfaire
les inquiétudes deviennent une suite
les stations sont des écumes
où naître n'est pas la question
et c'est ce reflet
dans les yeux trop éclairés
de ces vies superposées
jamais les cils n'inventeront l'effort
puisque ici survivre est un consensus
celui qui trace et dispose des armes
paroles repérées dans un accent aigu

quand la sortie est une habitude
le poème est une forme
et c'est l'image de l'interdit
la ville le traque
et c'est le rythme des écarts
comme dans le souffle des fuites
et au détour c'est l'enchantement
les pas ne sont que les indices
la surface se refait
et je perçois une stratégie
d'autres moments à nommer
à cet angle de rue
comme si l'air avait gardé l'image
le temps s'étire
anamorphose s'inscrivant
dans le plus intime du vécu
le trottoir bosselé
les vitrines qui passent
est-ce l'odeur ou ma fatigue
cette somme animale de complots
quand ce temps n'est plus ce temps
et qu'un sourire me transforme
brisant ma description
comme un appel entre parenthèses
c'est au coin bleury
juste à l'angle de sainte-catherine
les années me dépassent
j'attends le feu vert
c'est l'air chaud qui insiste
les années de collège
les impressions de métamorphose
choisir ces cours imprimés

la littérature comme un mythe
je me répétais alors en m'y rendant
nelligan saint-denys garneau aquin
d'autres noms aussi me hantaient
en gardant bien soin d'entretenir
ce qui se passe sous silence
je rêvais comme d'autres
nous étions quelques-uns à jouer
dans le plus sérieux des cénacles
nous étions certains parfois
que tout s'inventait sans contrainte
les bureaux vernis tailladés
ces classes hautes et anciennes
croire que chaque bureau est habité
par l'âme d'un écrivain
et là dans la cour ombragée
dans les fenêtres doubles
sur l'église massive et grise
qui me disait que l'europe voyage
et l'italie et le cérémonial
cette idée que les ondes des poèmes
se promènent illicites
montent ces mêmes escaliers usés
ces marbres et ces boiseries brunâtres
le poème est une fascination
et c'est l'image de la conscience
la ville le relance
et c'est le rythme spiralé
comme dans le souffle des retours
installé écoutant des paroles scolaires
pour percer le savoir
comme un mur de silence

puis aller voir l'architecture
les environs du temple
cet amusement dans les transports
un goût de rire
une crainte de vivre
que je sais toujours là
en moi comme un lieu clos
quand soudain à cet angle de rues
des écrans projettent
le temps d'avant
d'avant les mots
d'avant les livres nés de ce temps
dans le travail de la chimie
d'où s'organisent les réels
j'aime à nouveau cette sensation
les pierres grises et la côte
un froid dans le dos
puisquc cela me semble implacable
savoir l'écriture prochaine
en garder les voiles intacts
parler et lire en ce lieu
comme un aspect des continuités
il y a sur cette rue
des années de pensée
des ombres de poètes
aussi des désirs endurcis
pour que d'autres peut-être
par purc coïncidence
redisent les mots et les hésitations
qui sont au centre de la cité
dans le pêle-mêle des édifices
comme une oasis encastrée

rompue aux imaginations
et je traverse cette rue
je vérifie les distances
les mots sont souvent seuls
et je sens des présences
je fouille en moi encore
le non-dit est trop grand
je me laisse emporter
dans ce collège détruit
dont je me souviens totalement
m'identifiant comme malgré moi
aux énergies d'alors
pas pour ce qu'elles représentent
mais pour ce qu'elles ont gardé
dans de solides vestiges
le poème est une voix
et c'est l'image d'une route
la ville le renverse
et c'est le rythme de la nuit
comme dans le souffle de l'écriture
et les livres de ces auteurs
quand je m'abandonne à la profusion
errent dans ce quadrilatère
à la découverte du baroque
rapprochements incongrus
m'éloignant du moment
mais contenant l'avenir
les longues discussions
là pour rire dans la cafétéria
toujours à ressasser les tics
la culture prise au piège
de tous ces regards adolescents

dans ces corps possibles
il s'agit de bien entendre
et les pistes s'évadent
projets de voyages
livres embryonnaires
quelqu'un note tout
il dit faire un roman
les autres vivent cela
devenant inspiration
on ne désire pas l'avenir
mais le multiple maintenant
dans ce collège se condensent
des fantasmes échevelés
d'imaginaire sur le banc
où des spectres ont laissé
ce qui suffit pour créer
la rumeur influente
dans cette église désertée
ce théâtre aux entrées camouflées
les voix classiques en écho
aussi celles du changement
tout ce qui s'interchoque
dans les après-midi de cafés
les ciné-clubs cérémonieux
les enlisements de la matière
comme une trouée inconnue
l'incompréhension des sens
j'entends encore le vacarme coutumier
suintant de cette cafétéria beige
tous ces corps enfumés
déjà dans des poses futures
et la rue me rappelle cela

et c'est la nuit des temps
comme dans un poème récité
comme dans un trou de mémoire
coulant en flamme singulière
vers l'écriture souveraine
les lettres des enseignes
cette fraction compacte
d'autres mots la fréquentent
exigeant le sentiment intérieur
le poème est une conversation
et c'est l'image du temps
la ville le reconstruit
et c'est le rythme du global
dans le souffle des bibliothèques
une ivresse me gagne
et des livres s'écrivent
pour le plaisir des finitudes
je visite la nuit
le noir des mots rendant l'aisance
au territoire de la fatalité
et quand cette nuit devient silence
c'est la ville encore qui veille
comme une longue phrase
montréal de mélanges
aussi longue que la lune
et les mots signifient
que tout est écriture
dans cette vie maintenue
au fil des vents et du gris
projet séduisant les voix
aux abords de la recherche
accueillir les mots qui font

que les pigeons sont gris
et que le livre me devance
déterminé à jouer jusqu'au bout
ces couleurs qui me hantent
dans le sommeil tout proche
bougeant dans montréal
neige noire galaxique
pour la chair de comprendre
les lamentables aigles
certes il y a du fuyant
où circonscrire les taches
la neige ne supporte pas
les empreintes de la ville
cette saleté retombe
comme une nappe d'ombre
et pourtant elle souligne
que le blanc est souffrance
ct par d'autres insistances
si cela est visible
relire les nuances du corps
dans le déroulement de la page
les rouages des cheveux de poudre
il y a tout cela qui scintille
et bien d'autres feuillages
en figures parallèles
dans ce recueil des sphères
trouver le courage de parler du noir
soulignant les détails sans trahison
murs et corridors d'hiver
relents d'une science intégrée
aux tristesses comme à l'impensable
quand le corps se retire

le poème est une géographie
et c'est l'image du miroir
la ville le traverse
et c'est le rythme du sang
comme dans le souffle des exactitudes
si doucement les larmes se retranchent
pour toucher leur ennui
il y a des rivages de lustres
des matins et des jours parsemés
tout vocable est un murmure friable
avec la résistance comme chant
si simplement cet aveu modulé
est là dans la ville immédiate
à courir l'équilibre
lorsque les mots trichent
la page est un moyen d'orienter
cette petite apothéose
dans les raccourcis anodins
une façon de préciser
ce qui se distingue à la périphérie
aussi bien le dire
le mot est un ressort
une porte battante sur la nuit
le mot est un frisson noir
l'asphalte mouillé le capte
cela donne à revoir
qui parle dans la prémonition
quand les verres sont vides
que les regards trop pâles
se jettent loin des miroirs
dont le tain est grouillant
comme la musique si forte

ne permettant à personne
de reconnaître l'ultime
par envie de trouver
et de surplomber les axes
cette réserve de sons rauques
que montréal me pardonne
ce baiser de la nuit
corps floués
dans la rasade des rues
une défection parfois
que montréal me pousse
plus loin et plus loin
quand donc lier sera un geste
et partir plus qu'un mot
aussi la référence qui guette
quand les choses sont des promesses
et l'intensité oeuvre
à tant détourner les regards
vers le noir omniprésent
et le vécu qui vacille
cette soudaine idée de l'erreur
sur tous ces frémissements
dans le langage infra
le poème est une apostrophe
et c'est l'image du danger
la ville l'ignore
et le rythme le brise
comme dans le souffle des violences
et pourtant dans tout ceci
inventer un nouveau code
celui des cils et des prises
fomenter une issue

être tropical d'hiver
pendant que le temps se penche
sur les modes en adresse
écrire est une saveur
et la ville le sait
charger la longitude
et parfois la détermination
et je change les termes
un air aux portes closes
soupirs de nuit parfois
ce corps si beau
aux mains d'avenues
et la compromission
quand les mots se sont tus
j'y décide d'une audace
qui répare les formes
c'est de cela dont je parle
quand la suite ferme
que les regards plongent
dans le noir sans emphase
conduisant aux appartements
aux lumières indirectes
après les nons du sens
une partie du corps se repose
cela est irrégulier
tout comme la nomenclature
de cet ici permis
je prospecte autre chose
un peu en retrait j'y songe
le détour est un conseil
une épaule de brume
où perdre alors le contrôle

parfois ici dans le mot
dans la réalité du mot perdre
et le poème sans mélancolie
dresse l'inventaire
du jour dans l'immersion
un seul filet de voix surpasse l'attente
un regard qui serait dans la suite
on dit que les échanges se superposent
alors les mimiques du soir
terrain qui vogue
outrance pléniaire
des faits sont là
à même le corps inquiet
dans les souterrains d'éclats
le poème est une genèse
et c'est l'image de la révélation
la ville le prolonge
en un rythme sans réponsc
comme dans le souffle des discours
et les ouvrages sont en montre
montréal est une librairie
des corps s'y lisent
des pages ouvertes et vastes
comme je respire alors
et de la tension émerge
une offrande amoureuse
de corps multipliés
dans cette non-crainte de la mort
dans le fragile de l'instant
quand la ville est elle-même
densément elle-même
une ironie au coin des rues

des bras des hanches
une attirance particulière
déambulant pour rejoindre les choses
dans un mélange anonyme
une façon de voir
c'est ce qui m'apparaît maintenant
et je retiens des motifs
des heures des solutions
puisque le temps dépasse les essais
de tous ceux encore
comme dans une joute infinie
à l'image du néant
ou encore de cette fusion
bousculante et ravie
là à inventer
à redire le mot
son nom jusqu'à la limite
dans le corps de la langue
qui illumine sans hâte
le décor des avenues
images qui rôdent
sans répondre aux ambivalences
est-ce ce terrain qui m'implique
dans les écoutes de la passion
fou de la langue des images
quand tout est aérien
est-ce ce terrain encore
qui se nomme ville ou autrement
quand les nausées s'installent
où les effusions sautent
aussi fermement qu'un mot de trop
dit là dans cette enceinte

sous les victimes réfractaires
ou les envies de tout laisser
derrière les rêveries étirées
jusqu'à trouver refuge
dans ce clavier qui tape
le poème est une survie
et c'est l'image du tremblement
la ville le chante
et c'est le rythme des esprits
comme dans le souffle des pylônes
la réponse sans certitude
voilà un enjeu de possible
dans la dépense striée
de la léthargie des blessures
quand l'amour vole ailleurs
ou qu'il revient coupé
dans la chambre aux vents ocres
par ce carreau rougissent les mots
alors que la ville demeure cicatrice
dans ce vocable gris
et je reviens vers le poème
qui cherche mon tracé
dans montréal d'alors
à ce carrefour distinct
où je peux délirer
puisque tous les coins
comme un corps aimé
sont là dans l'entrebâillement
vers la sortie qui y mène
sans empêcher la parole
ici en plein lieu
aussi ambré que le jour

quand je sais que le temps
comme moi change un peu
peut-être que les choses
comme autant de réflexes
sont emmurées au bras des sortilèges
et je clame ma solitude
l'écriture est ce noir compact
qui cerne la raison
dans le reflet des croisements
dont les contours brandissent
des odeurs et des arbitraires
l'irrationnel fusionnant la division
cela est certain je sais
hétérogène jusqu'à l'illimité
au plus ligné des papiers
je ne renonce pas à croire
en épelant syllabe à syllabe
le corps de cette brèche
ce sens de la percussion
stylant les peaux d'encre
allant jusqu'à prédire les faits
dans la clandestinité des mots
vers le sillon des amours
la fin des années de collège
les groupes s'effritant de partout
vers la vie particulière
où refaire la langue
le poème est une histoire d'amour
et c'est l'image de ses yeux
la ville le sait libre
et c'est le rythme des tempes
comme dans le souffle des océans

tout devient un apprentissage
et je vois le mot aimer
le mot chignon s'y greffe
comme une robe turquoise
cette attirance profonde
quand les pactes rosissent
éternelles voix du dedans
un contact physique
et le feu se fait phrase
dans la tactique texture
où fleuriront les mots
il y a une histoire qui se faufile
un besoin de confiance
dans la marche indiscrète
quand les yeux se promettent
de changer l'univers
et d'aller dans les mots
au seuil des fictions
pour centrer l'avenir
là dans cette latence
où deux corps se choisissent
comme une sorte de privilège
et les consciences pivotent
je commence à peine à saisir
ce moment et ses suites
si par ce qui se trame
je sais les choses se traversent
et le temps et le territoire
comme autant de facettes
où les plus grands efforts
sont de tenir à d'autres
un corps est ici inscrit

dans le poème variable
c'est le moment de dire
que son effet est ramifié
et toujours les influx
cette sorte de jouissance
dans ce corps insoluble
qui calque la surface
tresse des constellations
au sujet de cette entente
comme des paillettes d'or
dans des yeux d'orient
comme des livres à faire
tout au coeur de l'instable
et les dépassements appelés
et les analyses d'essentiel
croyant à notre culture
ce laboratoire souverain
y puisant l'infatigable suite
le poème est un cercle
c'est l'image de la transformation
la ville le programme
au rythme des hémisphères
comme dans le souffle des épisodes
et le temps se délecte
dans cet accord des itinéraires
le premier ailleurs
et c'est un mot insensé
texas comme dans terreur
aux frontières du sable
pour fuir l'île d'enfance
les fibres inversées
une autoroute d'humidité

ces façons étrangères
quand la langue baisse le ton
devant le propos de la force
fin des règles connues
là mais loin en tous
avec montréal comme code
et le livre est relatif
comme un pouvoir perdu
quand il refiltre en nous
les images fractionnées
ici dans la poussière
prenant la mémoire comme analogie
et je reçois l'ambiance
cette longue autoroute
cette insouciance incrédule
pour dire la volonté
d'affirmer le réel
hors du connu malgré l'arrêt
planté dans l'aube crayeuse
où le livre imagine encore
filer en pure allure
liant ces choses passées
le livre rend compte
de cette chaleur diffuse
qui m'attire ailleurs
justement dans le livre
où d'autres pages de ville
dansent dans montréal
où je remarque un moment
que les mots sont la seule emprise
sur cet espace et ces étoiles
c'est un mot qui le dit

sur ces voies de l'ouest
rectilignes vers le sud
vers les crevasses du mexique
où j'ai compris que le temps
toujours m'échapperait
et me retiendrait encore
maintenant que plus tard
dans montréal neigeuse
les routes chaudes s'inscrivent
comme un éveil de soleil
le poème est une photo
c'est l'image d'une sierra
que la ville poursuit
et c'est le rythme des déchirures
comme dans le souffle des déserts
et je revois le ciel criard
je revois la traîne des montagnes
les sueurs et les autobus
les indiennes et mon regard
dans ces terminus insuffisants
où la vie peut attendre
que des baraques de métal
conduisent les yeux sombres
vers des villes enflées
sous le soleil des heures
dans des verbes chantant
la braise du poème
que j'écris ici au retour
dans montréal noire
comme une complainte de très loin
qui placarde ses graphiques
questionnant les alentours

pour mieux se souvenir
que les mots sont des songes
et que je ne retiens
que les plaques tournantes
ayant souvent des noms d'attrait
j'imagine le voyage autre
regardant les détails
pour scruter les phases
ou encore les anfractuosités
il y a le noir d'avant
et la possible lumière
la mélodie triste et soutenue
une mémoire de musique
les mots tentent de le dire
qu'est-ce qui me poursuit ainsi
et qui est là tout près
après tant d'années
écrire san luis potosi
voir une station service jaune
un zócalo si sec
cette première préparation
aux différences des failles
la lumière bourdonnante
le temps est aérien
montréal me semble ailleurs
soudainement vaste
comme les mots débordent
vers le corridor gris
d'une rue zébrée de vibrations
le poème soudain cartographié
comme un petit théâtre
sous l'influence des paysages

descendus jusqu'aux mots
le poème est un document
et c'est l'image de la recherche
la ville le mémorise
et c'est le rythme des chevauchées
comme dans le souffle des savanes
voyager par les signes
comme pour un changement
à même les trouvailles
entrant dans les repères
de l'encolure du silence
aux moeurs tendues
allègrement comme un mirage
quand les murmures sont cousus
de néons clignotants
et que la soirée marque
dans ce bar de terre battue
tenant de l'imagination brute
paroles convoitant le poème
en son point culminant
jusqu'à souscrire enfin
aux corps surchargés d'ozone
dans ce pueblo du littoral
où des chevaux sauvages
ignorent nos odeurs nordiques
pour jouer dans les flots
à proximité de la place enivrée
des rayons directs comme les yeux
débusquant los extranjeros
et plus tard dans l'été
sous la même coupole
l'azur et la mémoire

près des piscines vides
je trouve d'autres aspects
allant toujours plus loin
dans une pause inconnue
quand dans le spasme des airs
qui relancent l'exotisme
à même ces vagues vertes
à même ces silences entendus
lourds sous les palmiers
quand les pêcheurs ridés
reviennent vers le seul port
puisque tombe le jour
et les yeux du malheur
qui ici est voyant
la jupe rapiécée
la fillette qui demande
et cette moiteur sans fin
comme un grand supplicc
petite escale blanche
poussée jusqu'à la mer
basse et muette
tenant entre ses ruelles
des insectes desséchés
des cactus prostrés
le poème est une hacienda
c'est l'image d'un travail
la ville parfois l'ignore
et c'est le rythme des natures
comme dans le souffle des isolements
et la musique fléchissante
là sous le rhum chaud
dans le jardin voûté

sans plus de mesure aucune
avec seulement le projet ferme
de voir et de voyager
de donner librement aux mots
le temps de s'imprégner des choses
car si je m'avance alors
c'est que les mots soutiennent
cette chaleur sentie
ici à san blas dans l'éloignement
au bout des routes
dans cet horizon fantôme
peuplé de corsaires et de promesses
quand il me reste le moment
quelques lignes à inclure
dans cette version unique
qui sera reprise
dans d'autres déplacements
quand d'autres années ajouteront
du sens à ces piétinements
sous la jungle pressante
comme dans la ville écaillée
d'où montent du seul bar
des rugissements et des couteaux
cette carte disposée sur la table
dans la fumée opale et nourrissante
avec en elle l'aura du sud
les vallées vertes
les sentiers qui trompent
soulignant des trajets
relisant montréal vers le haut
comme dans ce voyage
où les palmiers plissent

sous le vent des refontes
la majesté de faits
près de la lagune croupissante
ondulant sous les mots
répétant la magique pression
des variables et des destinations
franchissant la fréquence des flots
allant d'une ville à l'autre
du bout du doigt
la tête empourprée
de je ne sais plus quoi
tellement ce souvenir m'étourdit
et le départ s'agrippe au loin
à ce qui me nomme en saccades
revoir brièvement la séquence
le poème est un rappel
et c'est l'image d'un fruit
la ville l'encercle
et c'est le rythme des mains
dans le souffle des plantations
survoler les demeures blanchies
quand le sommeil de tous
me garde sous l'aile des jungles
et que je voyage en moi
coulée de parfums des tropiques
images enroulées aux racines
l'autobus vers le site inconnu
c'est la vallée trop verdoyante
les palmiers y sont des livres
il y a une plainte dans les mots
je l'entends parfois
dans cet autobus délabré

menant mécanique au rivage
et je transcris des initiales
comme des sensations décuplées
disant que le temps me réserve
autant de démarches
quand la forêt guette
tout comme la rivière brune
dans le courant factuel
loin de la baie repliée
ce qui tend le chemin vers là-bas
dans les horizons fauves
où les mots focalisent
justement cette plainte soudaine
réitérant ses légendes
aux approches alanguies
où plus rien ne résiste
ni l'eau ni la verdure des territoires
ni les mots ni les corps
ne représentent autre chose
que le trajet veiné d'impossible
et c'est toujours un mot qui me rappelle
que la ville est un hôtel rapide
une façon de reprendre pied
dans les couches du temps
et les hasards permissibles
qui électrisent le poème
en feuilletant les mots du voyage
ces photographies luisantes
où je sens la présence de lieux
incrustant les sélections
dont les jours étaient témoins
quand se déplaçait le silence

sur une route informe
brodée de prétextes anguleux
apparitions noires
dans le noyau saisissant
tout ce qui sur le passage
mimait l'arrogance du solide
le poème est un éclair
et c'est l'image du feu
la ville le pulvérise
et c'est le rythme des émotions
comme dans le souffle des combats
et montréal m'invente à nouveau
malgré les écarts vers l'ailleurs
je retrouve les rues
le poème est encore proposé
et tout cela n'est que passage
les autres mots s'y confondent
et dans tout ce vacarme
je ne peux retenir
qu'un fait une forme ou un élan
le soulèvement des paroles qui s'inquiètent
dans le corps des messages
situant les infractions
comme pour dire la torsion
qui resserre les jours
les entrelacements de la passion
puisque toujours l'écriture
aux portes du déroulement
après les effrois et les palmes
dans des dédales de feu
reprend les signes en main
pour donner au poème

sa cadence collective
au temps s'ajoutent des mots
et les déferlements sont à refaire
loin de l'oubli
car dans les affiches serpentent
tant de cadastres fignolés
une rive et la rue
et voilà les souplesses
dans ce diamètre urbain
où je vibre éperdu
les implications opèrent autrement
les mots comme des esprits
n'ignorent plus le sensuel
dans l'approche des tressautements
c'est tout cela que je remarque
dans les brousses d'hésitations
temps revu dans le dissonant
en vrac l'état suinte
à la brisure des rues
l'abstrait envahit la ligne
cette ligne qui fait
que tout blanc est possible
centrant les mots à l'usage des vivants
pour changer le cours des attitudes
des mots tirent le sens vers eux
dans l'insondable silence
comme une façon d'échapper à la nuit
dans ce qu'il y a de plus passager
la bruine échelonne les pensées
le poème est une eau
à l'image de la grisaille
la ville le regarde

et c'est le rythme des avances
dans le souffle des écueils
une atmosphère lourde et penchée
en résume les prédictions
dans le noir des indices
lorsque les répétitions
comme des alarmes
page en miroir pour le moment
dans l'analogie des prismes
le corps usuel en un mot vrillé
pour que le poème respire ses envies
dans les années qui viennent
comme autant d'ellipses
disant que le temps passe
que les choses se ressemblent
et que les mots déversent
des définitions insolites
dans l'incertain tenant lieu
d'échancrure en chantier
se love l'image de montréal
comme une introduction à l'écriture
esquisses qui rivalisent
un peu plus loin dans le sens du livre
prenant le sillon imprécis des syllabes
pour une sorte d'artifice moiré
lançant aux façades de mots
des clins d'oeil urbains
comme des objets divers
alors que la page me nomme
dans un désordre temporel
et le geste de durer
pour que la ville en moi

laisse voir ses instincts
sachant l'équivalence
à chaque rue ressentie
comme un univers découpé
en des recoins à venir
soir de corail rouge
quand l'écriture me tient
montréal névralgique
autant la moiteur qui traîne
et les riens du tempo
cicatrices brûlantes
des chaînons du désir
le corps est une absence
parfois quand tout dérange
si le détail est exact
je transparais sous ce noir
toujours plus absolu
les mots m'y conduisent
j'observe les rectangles
aussi les cercles allumés
le poème est une mélopée
et c'est l'image du seuil
la ville le rejoint solitaire
et c'est le rythme des dérèglements
comme dans le souffle des symboles
cette déconfiture qui soudainement
comme une trahison aigre
par rapport au projet
s'insurge dans le réalisable
comme une lecture sourde
fendillant le terrain
forme ajoutée à d'autres

dans cette nuit
comme le mot opaque
froid mensonge des cartes
incrédule la ligne tombe
c'est une rature sobre
dans les entrefaites dérobées
maniable est encore l'horizon
ce qui se réclame des signes
aussi la plus grande lucidité
parachevant le sourire
cette phrase qui me regarde
en disant son soupir
de si loin que les démesures demeurent
en éditant la parole
comme une déclaration
en niant tout le reste
avec à l'angle des rues
une migration sortie des enfers
dans la conscience des murs
j'habite le neuf de l'émotion
dans la délivrance du sens
alors que les pancartes
comme autant de vainqueurs
sonnent le tiraillement
pour dépasser le poème
dans ce livre que je travaille
arête au milieu du temps
corps aux aguets dans la textualité
de cette ville orthographiée
comme une page à écrire
dans l'ironie et la matière
quand cela donne des résultats

qui maquillent les avenues
sorte de valeurs inconscientes
dans l'énergie littéraire
de cette élision paraphée
signée de partout
par autant d'évasions
que le mot ignore l'aube
transfusant ses effigies
à perte de noir
fracture obligée des désaccords
lues dans les rougeurs
le poème est un horizon
et c'est l'image de la pupille
la ville l'étreint
et c'est le rythme des étincelles
comme dans le souffle des hymnes
mots pétris et noircis
sur tant de pages rauques
avec comme seule illustration
ce lampadaire abandonné
quand l'encre rétrécit
en ajustant ses cils
dans la même anecdote
reconduisant encore
les regards de la fiction
qui s'articulent dans le battement
circonvolutions et désirs
alors qu'illusoirement
tout sous l'impact se démarque
au plus profond des cinglantes images
sur un corps de nuit qui dessine
aussi le seul support

rival des attractions
l'écriture se transforme en elle-même
traquée et menacée elle ruse
là dans l'indécision
par la soif et les heures
quand le ciel est efficace
des mots imitent la logique
le violet des rues sous les paupières
quand le liquide s'enflamme
dans les gorges du soir
sur le gel des matins
quand l'écoute des sorties
est un roulement sur l'asphalte
menant à l'autoroute lignée
par l'enfilade de l'interminable
par les rues du mot
aussi les pièces imprimées
à même les faits
d'une histoire de vie
aux prises avec le coeur
vers cette effervescence
dans montréal de synergie
lorsque tout est à prendre
au-delà des grisailles
et que les têtes comme des rendez-vous
sont un plaisir défait
dans le soir pulsionnel
où j'imagine une séduction
à partir de cette courbe
des petits mots vitrés
sous la paume indirecte
voilà le devenir peut-être

quand montréal s'indigne
et que je ne suffis plus
le poème est une fraction
et c'est l'image du recueil
la ville l'agite elliptique
sous le rythme des accompagnements
comme dans le souffle des modifications
méthodiquement je partage la rue
et si par ce détour
tout reprenait l'espace
magie et autre vertu
les livres comme un réel
improvisant une alternance
entre les décombres
retenant un mot
et revoyant sa forme
dans l'encadrement des frappes
alors que l'extérieur
ose relire ces écritures
le mélange des graphies
donnant des coups dans l'ordre
avec ce qu'il faut d'amour
à toute gorge vermeille
pour que les refuges naissent
dans les rues divisées
et comme une apostrophe
ces contrastes de nuit
dévisagent les lunes
comme autant de résistances
et autant de grilles
épuisent les paradoxes
d'inversions centrifuges

qui font en sorte
que les échanges précipitent
tous les caprices blancs
vers les itinéraires du dedans
à la mémoire des mots
comme une chanson vive
dans l'espace paginé
il y a le désarroi
et les assauts urbains
dans le craquement des rues
le silence est un substrat
qui s'indique en gris
sous les néons qui cherchent
sans nostalgie sans pleur
avec l'exil comme axe
le poème est un chapitre
né à l'image de l'immuable
la ville le produit
et c'est le rythme des intentions
dans le souffle des prolixités
et dans les hypothèses odorantes
au pire du couchant
il y a le désespoir des autres
et la petite candeur des bibliographies
quand des rayons de ciel
comme une lame amoureuse
démasquent les alentours
et que cette zone apparaît
étant parfois bleutée
parole soudain habituelle
le texte me forçant la main
dans la tension du privé

tout est en pointillés
quand plus rien ne déroge
que les systèmes sont reconnus
et qu'il reste à se désister
face au pouvoir de la certitude
et je sais qu'il faut lire
malgré cet ébranlement
cette immense lettre ouverte
qui devient un livre
dans lequel les mots sont écrits
à flanc de ville dans l'aube
comme un souvenir palpable
dans montréal fauviste
comme un appétit de style
diversifiant l'attente
salves rouges et jaunes
sous le ciel toujours gris
comme dans un long poème
aperçu en cohorte
et qui parfois en rêve
image l'histoire du corps
dont les frontières malléables
sont autant d'intersections
fixant les temps sur le papier
quand je répète encore la phrase
l'infini nous regarde
dans le socle des visières
ici dans les cicatrices
sous le soleil des jeux
à travers le voilé du jour
et les rues trop bruyantes
comme autant de poèmes

au devant des figures
lorsque les mots s'annexent
et redisent en reprise
l'infini nous regarde
et toutes les heures s'appliquent
à reconstituer l'oracle
le poème est une actualité
l'image d'un déplacement
la ville le conduit
au rythme des esthétiques
dans le souffle de la continuité
les mots sont volés aux limites
versions brèves et suspendues
sans que je ne livre
le brouillard des soirs rouges
cette visée incertaine
lorsque dans le présent
le corps des autres installe
des pensées m'inscrivant
sans que je ne sache trop bien
le pourquoi de l'envahissement
et le poème me soutient
dans la vitesse intérieure
où les mots s'incrustent
soutirant à la langue
un corps transcrit
et c'est l'amour qui supplante
ce qui me terrasse en vain
dans montréal aléatoire
comme un engrenage immobile
le béton explose
permettant la parole

et ce qui dénote la différence
quand l'écriture se fait événement
et que la fureur d'un silence attentif
invite à introduire l'image
je reviens à ce corps
là dans le vocabulaire
qui dort où presque
du regard je le dis
je le recouvre entièrement
les veines sont des rues
qui visitent le désir
des couvertures du soir
quand la couleur inonde
et ce vert des tentures
et les mots de la jouissance
au moment de la compassion
quand le jour rompu
étale ses simulacres
dans une description du souffle
où la densité ouvre
sur un visage calmé
enfin déjoué dans son luxe
montrant l'évidence de chair
que la lune licencie
et que j'aime voir de près
ce dos replié du soir
cet élixir en vagues
dans l'imperfection des sourcils
où clignote la tendresse
le poème est une peau
sur l'image de l'ivresse
la ville le dilapide

dans le rythme des foudres
et le souffle des grammaires
pour toujours le contourne
comme un signe de métropole
ce que les yeux infusent
au corps parsemé d'étoiles
quand les jambes de mousse
jalonnent la voix offerte
et que cette pose serrée
se balance comme un pacte
une habitude de regard
revue dans sa courbature
quand adorer est plus qu'un mot
et que je me vois éternellement
me perdre dans ces sursauts
qui portent alors son nom
en adressant au rêve
que de partout à la fois
rien ne bouge ici
ou presque pas je crois
et je tombe en amour
dans ce lieu obsessif
où des avenues lucides
s'attendrissent dures et beiges
me surprenant jusqu'au bout
les mots alors rendus
au service de la passion
et un sourire vague revient
d'un été révulsé
dans la fenêtre intime
et de mémoire d'homme
une odeur parfumée

jette sur l'air du corps
tous les vêtements fripés
rassemblés par cette luisance
et ce n'est plus un jeu
la passion se calcule
j'ose le dire parfois
et je retiens l'instant
et je parle brusquement
soulevant un peu ce corps
je réinvente les choix
mes mains autour du ciel
quand les mots gonflent sans hâte
et j'avance à genoux
dans l'oblique nocturne
la peau dans ce mouvement
est une parole vaincue
calibrant les jambes
dans le temps inévitable
car cette passion est venue
ouvrant et fermant le réel
le poème est une épaule
et c'est l'image du sens
la ville le talonne sans fin
et c'est le rythme des rencontres
comme dans le souffle des voyances
il y a cela entre tous
un creusage enfoui
relate l'immensité tue
isolé j'invente l'autre
et je retrouve partout
cette langue secrète parlante
déposant dans mes livres

des impressions d'épaules
une passion vorace
s'il n'y a pas d'intimité
qu'un cérémonial différent
du gris parfois enveloppant
des connivences surprises
quand l'entente est là
dans ce hors-saison
où l'amour ravit l'être
dans des silences duveteux
comme une affaire universelle
échouant dans ce corps
insoumis par les rues
dans cette presque folie
qui monte aux joues
pensant aux répliques
amalgame concret
puisque cette bouche
et l'oreiller qui détient
ce réel amoureux
touchant comme du satin
dans le flux désirable
livrant par les mots
la déroute d'un emblème
quand je revois ce bar
et la rue saint-denis
avec dans les vitrines
d'autres regards d'ici
presque un ultimatum
la foule avec lenteur
cherche des formes neuves
en des lisières inconnues

comme autant de marques
dans le corps ensommeillé
je vois la passion s'écrire
et la main tisse le jour
que je lis page dressée
comme un corps de rêve
dans la marge implicite
d'une aisance outrancière
repoussant le vide noir
puisque cette densité
est visible pour tous
le poème est une clandestinité
comme l'image de la littérature
la ville l'approfondit
et c'est le rythme des fragilités
dans le souffle immédiat
la chaleur dans la chambre
en note l'expérience
la mise en place se défait
l'oeil s'arrondit au présent
et soudain dans le flou
une volonté directe dit
écrire sur ce corps tigré
comme une course saisissante
et tout simplement réitère
que le corps est ce temps
dans lequel tout visage
prend les draps comme signal
et une banale demeure
dont les pores captifs
mouillent les dernières craintes
en des rites interdits

quand la bouche en passant
réclame des lectures
peu de mots finalement
car l'épanchement s'immisce
dans ce même corps
flairant dans montréal
tous les livres à écrire
instituant des rayons
pour dépister l'itinéraire
quand avec nécessité
les regards s'enfeuillent
et le ton de la langue
solidement s'étoffe
déchirant la rue épisodique
et pouvant imposer
une version du concret
dans le feu des façades
quand les voix du noir
encore une fois bardées
détiennent dans leurs plans
des liaisons obscures
comme ce parc cambré
carrelé de rues larges
où par le temps écrit
des ombres s'acheminent
automates photographiant
les performances du soir
quand le fer surnage
dans les fumées désaccordées
et que derrière les rideaux
deux corps détournent le réel
en proposant des scènes

dont les mots s'excluent
embrassant d'autres sentiers
le poème est un flot
d'images en circulation
la ville le planifie
et c'est le rythme des otages
dans le souffle des carrefours
c'est la lecture subite
celle qui se fomente
et se cache chaotique
ce débat est sous les yeux
dans ce poème que j'écris
comme un chant relatant
les différences entre les bruits
les créations qui trament
une fureur que je connais
dont je veux parler
guidé par les mots
ceux de l'enfance
et aussi les après
quand toujours je suis seul
dans cette ville d'hiver
où se crée en coulisse
une poésie quotidienne
plaçant en exergue
les fréquentes crises
dans la fouille subversive
rapide comme le nerf
dont la tonalité rude
est une reconstruction
c'est le rappel éphémère
de ces travaux friables

toujours recommencés
toujours dans le dédale
d'un langage d'épiderme
qui n'en finit plus
de cerner toutes les îles
de cette somme de ciel bas
dans le bleu inattendu
après le gris de l'infini
cette couleur globalisante
toile de fond aux mots
tendus dans des tubes
que je crois être la fatalité
montréal alanguie de neige
rue retraversée machinale
image de ma vie angulaire
et cette envie d'écrire
cette outrance du poème
où je laisse la nuit
mes idées fragmentées
comme un rejet craquant
au côté du corps fou
cette écriture de sagesse
sait les atterrements
quand le temps et ses peaux
s'ajustent au merveilleux
le poème est un frisson
et c'est l'image de l'extrait
la ville le délaisse insouciante
et c'est le rythme des extrêmes
comme dans le souffle des bars
les mots du tableau
s'ajustent au merveilleux

quand je parle d'amour
et qu'encore je ne sais plus
si les yeux se résignent
dans une erreur de parcours
faisant alors le calme plat
et tout autour chahute
dans la structure des visages
à cet instant du cycle
d'autres possibles infléchissent
la trame sensorielle
portée sans aversion
à retaper les rues et les survies
une atmosphère rejaillit
les yeux s'éclairent
et c'est ainsi par strates
afin de mieux voir les efforts
que l'indubitable renouvelle tout
sans qu'on le lui demande
la ville dirige sur nous
ses mots de soie distraits
ses probables dépenses
l'inouïe sensation
quand le néant gruge l'âge
je reconduis la plaie
sachant que d'autres influences
diversifient ces lieux
en tant de réponses descendues
comme une sommation de mansuétudes
dans l'état des conversations
le souffle coupé dans la phrase
surgie des mots vibrants
donnant le concerté des lèvres

à ce qui n'est pas la fin
le circulaire des passions
dans une encre d'orage
détourne l'impulsion
à pleins poumons parfois
quand des effets incongrus
charpentent et défont les mots
laissant aussi des traces
corrigeant ce que les nuits décuplent
quand tendrement une allusion
dicte ses métaphores
et que dans ce sourcillement
je reviens vers ce corps
dont la forme prend toute chose
et qui toujours me touche
en un plaisir indéfini
le poème est une chronique
et c'est l'image de la pluie
la ville l'acclimate
au rythme des essaims
comme dans le souffle des ailes
et ce qui frappe d'abord
c'est l'espace tendu
d'une description précise
dans montréal comme une phrase
une rue de matière
et le sens imparfait
dissipe les paroles
quand désirer l'autre
est aussi un saccage
sous ce gris éternel
comme les vers celèbres

un récital des anges
dans ce bar dévoilé
relate la page manuscrite
où les ongles ont laissé
la reprise fascinante
d'un regard qui confirme
dans l'italique du film
ce blanc et cette cigarette
moi debout vers l'escalier
dans cet appartement moderne
où je lis le mot montréal
représentant le fragile feutré
dont il serait absurde
puisque la scène s'y joue
de ne pas aimer le genre
tellement de mots s'enfument
parlant de livres et d'ascensions
quand les mesures embrouillées
dans la délicatesse du cadre
donnant au temps actuel
sa surcharge d'indices inévitables
et comme dans tout ce qui s'inscrit
les langues s'inventent
sous un montage d'acier
qui dérange et illumine
l'usage aux yeux de tous
et cela donne des mots
que les récifs activent
dans le prolongement même
du bleu du soir
ciel finalement gris
du plus long des voyages

vers le pavé aux mots sans fin
le ciel écrit sa plainte
à partir du temps mémorial
des fresques de nuées
s'échappant des grains de peau
servant de bouclier au surplus
quand la foule vagabonde
le poème est une stratégie
et c'est l'image de l'énoncé
la ville le lit en secret
et c'est le rythme biologique
du souffle de l'improbable
quand certainement le corps
dans l'épreuve attaché
jusqu'aux recoins des lieux
s'attable avec les mots
supposant l'illicite
dans la chute des reins
ou encore dans le noir
lorsque la page exprime
ce que le privé défie
dans la perte ineffable des heures
pour une bouchée d'aube
les aventures s'effacent
comme des sujets muets
toute forme est un langage
pour reprendre un accord
montréal est cette silhouette
où le mot me précède
allant sans plus attendre
à cette mémoire que j'ai
y imprimant des choix

à parler de ce que j'aime
et les livres d'amis
les premières pages encore
toutes remplies du tiltage
les mots comme une couronne
dans l'instinct dénoué
de toutes ces années pour connaître
ce que je ne peux nommer
dans le plus impalpable
de la face du poème
et les préparatifs interminables
à lire et à écrire les recoupements
ce qui s'obstine à se dire
dans l'attirance de la fiction
cette impertinence corrosive
où se pense le voyage
montréal dans le blanc de ma fenêtre
étirée et rêveuse en coquillage de nacre
pendant que les mots
encore les mots du poème
se dérobent à la feuille
fuyant l'histoire qui les retenait
en une résonance nostalgique
dans la scène blanche
que la vitre emprisonne
par cet hiver retrouvé
au sein des lignes tronquées
derrière la science des chocs
seul dans le rectangle de la maison
avec des livres comme promesse
le poème est un vin fou
qu'une image transforme

la ville l'intercale
et c'est le rythme des frénésies
pris au souffle des nonchalances
et cet effet d'hiver
reconnu mais neuf encore
qu'y inscrire dans le blanc
de ces rafales qui montent
à même les systèmes génériques
montréal aimée pour sa douce aventure
dans laquelle les années m'écrivent
comme dans un labyrinthe bétonné
quand les ardeurs font faux bond
à cette ingérence du blanc
et que les doutes se détruisent
et qu'il y a le poème à faire
dans cette voûte d'écritures
tatouée et rebelle
comme une superbe amazone
voir alors le blanc inévitable
toute l'étendue du spectacle
dans la fracture des mots
quand le vent anecdotique
m'éconduit comme un romantique
hors du commerce coutumier
et que m'inspire complètement
cette réalité de montréal
cachée dans tout ce blanc
dans cette neige de mots
alourdie et brouillonne
compressée éperdument
dans son insensé constat
qui prend dans ses rues

comme une visée magique
ce blanc qui change tout
et les mots qui s'entrouvrent
montréal d'enfance de collège
montréal d'amour et d'écriture
vers les corps et les autres
une falaise de rues croisées
une impression de tableau au glacis fin
et pendant que j'écris
l'hiver sourdement s'emballe
dans l'imperfectible des rues
dans les mots fournissant
une humeur adéquate
pour transfuser la contrainte
montréal se plie aux intrigues
pour se donner des airs inattendus
quand les avalanches insistent
et que la circulation ralentit
l'oeil épiant le miracle
quand le blanc domine
s'élançant dans les mots
le poème est une dédicace
et c'est l'image de la fusion
la ville inspire
et c'est le rythme des confiances
dans le souffle des respects
c'est un amour de ténèbres
comme l'humide pourquoi
enivré de ce corps
qui me lance des mots
ces graffitis de montréal
quand l'extase retient

cette écriture en déroute
qui à sa façon me ravage
me fait vivre rythme et chair
temps replacé par cette main
quand l'événement est un mot
et le recueillir devient suspect
dans cette intention désarmée
je me perds à pleine allure
et que faire de toute cette tristesse
quand tout nous lime et nous biaise
dans la beauté du livre
ébloui de lui par ses mots
et ses spatialités
tous les sens entrevus
à redire par désir
où suis-je maintenant
statique et immobile
sans retenue dans le ciel
avec comme seule proie
le formel de l'envol
corps dilaté cinétique
petites strophes du soir
tout alors me déporte
et les mots m'effacent
temps relisant le corps
par la symbiose des mémoires
dans la durée de l'oeuvre
alors que je dis sciemment
que les livres sont des distances
que mesure le tremblement
que tout ce qui s'écrit éprouve
que tout ce qui regarde la page

a la droiture des yeux gris
sorte de pactisation terrible
pourvue d'effritements
et si tout cela est vrai
dans l'emboîtement des faits
j'écris pendant que tout s'écrit
malgré la voix qui entoure
malgré tout cela cerné de noir
strictement sans mesure parfois
quand montréal ne supporte plus rien
et qu'il y a comme seule trouée
de laisser se lever le sens
dans ces artères embrouillées
le poème est une orientation
et c'est l'image d'un glacier
la ville le déforme d'illusions
et c'est le rythme des noirceurs
comme dans le souffle des sillages
et les fragments de feu
dans les heures grisées du livre
infléchissant la voix
cette même voix
certains le disent
les liens sont passés par là
l'exigence des traces aussi
malgré des fuites incertaines
et ce n'est pas qu'un simple détail
bien plutôt un travail
une permission réciproque
un effectif où se perdre
rejoignant le temps qu'il faut
l'alliance des yeux d'amour

dans ce qui s'entend murmuré
dans les froissements de la voix
et quand le poème défaille
il y a bien sûr d'autres attentes
et les passions sont séquestrées
à revivre ce parfum fertile
par la loi du corps
n'ébruitant que les superficies
corps repris dans les mains
et cette tenue des humeurs
plein la bouche répétée
quand tout chante dans l'heure
et que montréal rassemble
parvenant à cette indiscrétion
à cette totale indéfectibilité
venant de si loin pourtant
reconduisant l'illusion des rencontres
puisque les temps nous renouvellent
dans l'interrogation rythmique
quand la musique entretient
tout entière l'idée de l'autre
me marquant de ses soupirs
repris et repris sans feinte
dans ce mouvement même
je me retrouve dans cette ville
où règne ce qui se passe de mots
distinguant une précision liquide
dans cet état des qualités
et des entreprises photographiées
étalant la rue envahie
cet espacement ludique
où tout fait image je sais

à discourir ainsi
pour que les mains me disent
comment trouver le regard
qui fendille les amours
le poème est la preuve
de l'image d'une demande
la ville le tenaillerait
dans le rythme des progrès
comme dans le souffle du feuillage
un livre imite la vie
et les larmes de batailles
le crépuscule en danger
dans la fin des saccades
qui disent que ce matin existe
quand aux frontières dérobées
on entrevoit ce qui marche
dans ces lassitudes vagues
reprenant leurs droits
sur ces pas qui montrent
une lecture de montréal
de tout à là oscillant
dans le remous et le noir
comme un penchant d'inévitable
dans la déraison pointée
vers l'oeil qui la décrit
puisque le céleste traverse
et que plus rien ne tarde
ni les journées complètes
à me dire cet amour tendre
ni cette langueur des alentours
quand les mots me racontent
ni cette rentrée d'amertume

qui insiste en grisailles
par les limites suspendues
de ces itinéraires de hasard
et dans les livres à découvert
je rapporte cette histoire
et une fois encore s'élaborent
les jougs serrés de la passion
pris aux yeux qui parlent
dans les suppositions du corps
du gris des détours et des mots
comparant les imaginaires
des photos émerveillées
et cette nuit passée seul
car le froid décalque les restes
dans les habitudes nerveuses
je ne signale que ce qui manque
l'attitude des fièvres
et le dehors des cavernes
une façon de replacer le doute
concret des audaces réitérées
et les rasades du clair absent
cette façon de s'étirer pour lire
dans les choses qui viennent
et pour ce fragment lapidaire
je ne regarde que le sens
et sa pensée vers moi
à travers les rues et le réveil
le poème est une prestance
et l'image du vécu
dans la ville sidère
le rythme des fluctuations
comme dans le souffle des ivresses

un assaut de scènes
sur le temps qu'il me reste
à tout contempler de mémoire
dans la beauté lente du corps
sur les parois intérieures
dans le silence rompu
pour que les discours s'effilochent
sans amertume aucune
malgré le rayon tourmenté
dans les failles de circonstance
renouvelant les pactes
ces pactes où je suis seul
debout dans l'aube grise
de montréal attiédie
malgré les lumières qui virevoltent
l'écriture comme témoin
dans la ligne passionnelle
active et pulsée
livrée en vrac
syncope dans ce qui bouge
aux allures du réel
j'ajoute une trame
introduite d'une main
entre mes mots de nuit
comme un corps aspiré
par la patience du geste
et les pensées d'instinct
survolent le temps du silence
on ne dit jamais assez le miracle
quand la trace se défait
en explosion cyclique
où décrire le ravissement

de ces vibrations traduites
dans le désert d'une bibliothèque
les livres emmurés dans ces coffres
sur les lattes irréelles d'un présent
biaisant l'inconnu de papier
pour abandonner au plaisir
les notes de l'instant
c'est de cela dont la parole rend compte
au creux de l'écriture
signant d'une encre de feu
ces heures nues de l'énigme
passées dans le complot
face au déluge de mots
le ravage de ces choses
dans les odeurs finales
quand tout défaille noir
au coin des rues banales
et que la crise est inoubliable
le poème est un rêve
c'est l'image diaphane
que la ville l'interprète
c'est le rythme des ambivalences
dans le souffle des questions
petit serment des nuances
cimentant les versions
d'un amour de toujours
surgissant de ces gestes
c'est le livre immense
qui marque la vision
la pressante chaleur
dans les humidités rondes
quand plus rien ne retient

la mémoire de l'hiver
ces étés protubérants et las
où tant de corps discutent
allant sur les trottoirs de montréal
qui s'illuminent pour la nuit
cette longue ingérence des faits
produisant de l'essentiel
et ces maisons du quartier
aux escaliers glissants
aux toits exagérés en courbe
comme je les aime parfois
quand le ciel les découpe
sur ce soleil rose du soir
au-delà vers le nord
quand les chaudes journées
puisent dans montréal
et je vais aux terrasses
et des amis arrivent
c'est la rue qui surplombe
tous ces désirs profanes
depuis que les corps vivent
pour souscrire aux signes
et moi dans ce fouillis urbain
rêvant d'ailleurs et de poésie
je ne sais trop comment
dans la montée du jour
retenir les formes de la fêlure
car que faire face au tracé
qui comme un noeud rugueux
enferme les possibles
peut-on changer les lignes
sans éprouver un vertige

touchant au-delà des mots
le plus sensible accord
qui fait que soudainement
le poème est un danger
car on craint le poème
il est l'intolérable
qui ouvre les consciences
où l'on peut déceler
l'anatomie du vide
le poème est un leurre
c'est l'image d'un absolu
la ville le distancie
au rythme des inscriptions
dans le souffle des aurores
c'est alors que la perte
comme une fièvre indocile
le laisse graviter aléatoire
en des lieux que la marge
seule comme un espace blanc
reçoit sans sourciller
investissant le corps des mots
sachant utile cette confrontation
où la fiction déroute
et par la ville enneigée
les secousses du théâtre
sont autant de rétines
où associer le corps
à tous les autres corps
ce qui difficilement persiste
devient parfois précieux
montréal comme un envoûtement
dont les étangs maculés

sont l'armoire aux antipodes
il y a dans l'hiver altier
une perte existentielle
comme une aile lacérant
le ciel mis à découvert
qui ne réussit plus toujours
à garder ses limites
hors de portée des lieux
et les gratte-ciel grisés
se perdent dans le néant
de cet amas giratoire
dont les courbes ingénieuses
spiralent les cerveaux
quand les âmes repliées
osent braver les vents
et vont comme des ermites
fendre les moulures blanches
c'est alors que l'hiver
sans rebrousser chemin
entame les zonages
et qu'avec frénésie
il se rend à la vacuité
avec impudence et sévérité
faisant s'embrasser
les filets des fumées
au-dessus des voitures
curieusement minuscules
car cette respiration
dont le froid est porteur
c'est le partage insoumis
lorsque les temps s'enchâssent
et qu'il y a des étés

le poème est une interaction
et c'est l'image de l'intention
la ville le forge au passage
dans le rythme des bonheurs
dans le souffle des minuties
aux couleurs d'infractions
il y a aussi le sens
comme une métaphysique
saupoudrant de questions
les ruines incongrues
quand montréal s'éloigne
cosmique et monochrome
sous ces effets sifflants
qui donnent à tout des airs
mimant la fulgurance
inventant la disparition
d'une ellipse refusant
les lectures factuelles
quand très tard dans la nuit
à nouveau l'écriture
comme une ombre céleste
reprend ses périphéries
parlant au sujet de ces travaux
que les peurs interpellent
répondant dans des pages
au raffinement du gris
qui bouleverse la poésie
cet ensemble viable
où s'affirment les obsessions
quand des rencontres imparfaites
dictent le plaisir meurtri
par un temps solitaire

venu tout engloutir
décrypteur de signes furieux
entreprenant de vivre
dans ce magma de formes
qui comme un fleuve injecte
d'autres mouvements circulatoires
faisant dans la traversée
une longue suite de mots
mythiques et lumineux
générant des configurations
de coexistences momentanées
comme tout ce qui produit
un besoin d'incroyable
quand le style étincelle
malgré l'affliction terne
qui des mémoires noyées
remonte pour supplanter
le drainage du délire
et le poème déployé
survient comme l'aujourd'hui
il fait partie du temps
et scrute cette passion
devenant la gravité essentielle
le poème est un infini
et c'est l'image de l'intime
la ville le surprend
sous le rythme des rumeurs
dans le souffle de l'émotion
il inscrit le rêve gris
pendant que les risques recommencent
et montréal m'habite
m'invitant à la suivre

dans cette vie d'écriture
et au métro sherbrooke
dans les entrecroisements
revoir ma vie brouillée
me prendre en filature
quand les mots noirs ricochent
sur le parapet d'aluminium
contenant des allées et venues
dans l'innombrable ville
où les pensées se disloquent
pendant que je me dissous
sous les ombrages de la rue cherrier
avec en plein front
les empreintes du temps
comme une emprise implacable
au tournant des réalités
qu'à chaque jour je diffère
et je parle et je bois longtemps
dans des lieux revisités
les livres prennent leur sens
dans cette atmosphère de mots
sachant que montréal pivote
dans ces verres qui se lèvent
dans ces restaurants actuels
où se creusent les ententes lapidaires
à travers des mots que le doute protège
ces corps amis du rêve
veulent encore tout refaire
et par-delà leurs frontières
les idées sont des amours
et montréal les étreint
c'est ce que je ressens ce soir

dans le prisme improbable
lié aux mots tirés
de ce temps multiforme
duquel je veux toujours
redire les accessibles voix
dans un portrait sonore
dont l'agrandissement donne à voir
les grains poreux et gris
comme si l'image du poème
retenait dans sa constitution
l'indéfinissable vertu
de s'émerveiller encore
à la jonction des rues connues
levant les yeux au vent
le poème est un tableau vivant
et c'est l'image du retour
la ville le décentre
par le rythme des désirs
et le souffle des définitions
je soupçonne le ciel toujours
d'entendre toutes les différences
quand le rudiment est ce paysage
dont les mots sont les strates
additionnant les zigzags
dans ce temps migratoire
et le parc par ma fenêtre
inclut les métamorphoses
éprouvant comme un mot
la vie qui résiste au vent
dans cette sorte de puzzle
les corps s'investissent
niant à chaque pas

l'inconnu débordé
que ce soit dans la chambre
ou encore dans le livre
au plus noir du bar
ou au retour de l'aube
c'est toujours le poème
qui envoûte l'éveil
s'affichant çà et là
dans des yeux qui expriment
l'incontrôlable poussée
vers laquelle tendent les mots
et montréal est un cinéma
j'y entre à tous les jours
afin de mieux connaître
toutes les couleurs du monde
telles que les définissent
les projections imbriquées
et ma ville rebelle rousse
veut toujours plus de temps
pour défendre ses drames
lorsque le jour se lève
sur des employés évidés
par des manques asservis
à reproduire du commerce
dans le roulement des échines
broyées dans ces soirs rouges
le métro emporte tout
laissant derrière ses portes
les individualités sans issue
soulignant en silence
le phénomène des foules
où le désir s'abolit

dans la conformité des tempes
alors qu'une voix d'ennui
plane sur ces régions
filant des véhicules sourds
à toutes ces alarmes désintégrées
le poème est un pays
c'est l'image de la douleur
la ville le renverse
et c'est le rythme des dépossessions
comme dans le souffle des terreurs
et j'entends ces refoulements
où s'écroulent les imaginations
quand je marche seul
et que les vitrines éclairent
ce qu'il faut de torpeur finale
pour endurer la joute
qui sans songer à la direction
fourmillante d'exactitude
parfois brave dans sa perte
entre les lignes tracées d'avance
sur la page des vies
où la révélation est vorace
qui s'alimente aux sources
d'un appétit de fer
en vidant les consciences
de tout ce qui pourrait peut-être
dans d'autres conjonctures
faire éclater l'éden
et aussi l'inavouable
qui toujours de très loin
s'amoncelle dans la sueur
ressassant l'indifférence

de tant de sinuosités graves
à travers lesquelles s'énoncent
les pans d'inouïs et d'aurores
dénouant les mots de feu
dont les aspirations redoutables
suffisent à redonner courage
à toutes ces langueurs retorses
qui tentent en vain de régler
ces vies d'une essence lyrique
ces vies imparfaites je sais
comme le soleil trop bas
qui se jette vers le nord
loin du sud à crédit
dans l'ultime horizon
au centre du quartier
quand les regards se croisent
en défis implicites humiliés
montant des rues qui rôdent
autour des rêves déserts
où pourtant par hasard
je retrouve le plaisir
de cette façon de parler
de l'immense insoumission
quand tous les faits conjuguent
et que montréal s'invente
le poème est une origine
et c'est l'image du ciel
la ville l'inscrit de feu
et c'est le rythme des graphiques
comme dans le souffle du fer
toutes les étapes s'emmêlent
en cette zone d'ombres

circulent les effleurements
d'une bouche incomprise
en sa solitude millénaire
qu'un amour retraverse
repris au corps humain
dans sa volonté violente
de découvrir la vie
à même les égarements
et l'architecture des mots
dans les faits et les silences
c'est le temps qui dérape
qui déroge et qui ploie
sur tous ces petits lieux
dans montréal désirable
une écriture se dresse
originale et prompte
à dire le commencement
du périple anatomique
d'une détresse intime
trouvant dans les moulures
une couleur cachée
traduisant les années
et l'enfance en odeurs
dans un snack bar de bois
où piétine l'arborite
mouchetant la mémoire
d'une visière grise
ses répétitions s'infiltrent
traînant vers un ailleurs
les rues et les pages
de cette idée d'infinité
dont je retiens les ambres

puisque tous les repaires
sont des couches successives
venant par les matières
redire l'intensité
et ma mère et mon père
adolescents du silence
dans des autos brûlées
par un juillet de gravelle
menant à des chalets
branlants comme des rêveries
quand les rayons violacés
transpercent des airs d'avant
et quand je viens vers toi
m'abandonner mamie
l'univers entier ne conte plus
tellement les impressions ne s'effaceront pas
puisque les mots indiquent
une présence réelle
dans ces illusions d'été
derrière les moustiquaires
quand d'un phonographe gris
griche une mélodie
et que des frondaisons énormes
guettent le mouvement des êtres
et plus loin dans la ville
il y a donc un poème
il s'enroule comme le temps
vous le lirez un jour

TABLE

Écrits des Forges
C.P. 335
Trois-Rivières, Québec
G9A 5G4 Canada
Tél.: (819) 379-9813 - Télec.: (819) 376-0774

L'Arbre à Paroles
B.P. 12
Grand-Route 50 - 4540 Ombret (Amay)
Belgique
Tél.: 085 / 31.52.32

Éditions Phi
B.P. 66
5, Um Bierg
L. 6401, Echternach
Luxembourg
Tél.: 00352 / 728066 - Télec.: 011352 / 728325

Éditions Perce-Neige
140 Botsford, Moncton
Nouveau-Brunswick,
E1C 4X4 Canada
Tél.: (506) 383-4446 - Télec.: 506-857-8002

Cet ouvrage, composé en times corps 11 par
COMPOgraphie 2000 inc.,
sous la direction de Bernard Pozier et Louise Blouin,
a été achevé d'imprimer pour le compte
de l'éditeur Écrits des Forges,
sur les presses de Art Graphique inc., à
Trois-Rivières, Québec, en mars 1995.

Imprimé au Québec